SERGII RUDENKO
SELENSKYJ
EINE POLITISCHE BIOGRAFIE

Aus dem Ukrainischen
von Beatrix Kersten
und Jutta Lindekugel

Hanser

Titel der Originalausgabe:
Selenskyj ohne Make-up (Зеленський без гриму)
Kyjiw, Summit Book Publishers 2021
Das Manuskript wurde bis April 2022 vom Autor aktualisiert.

1. Auflage 2022

ISBN 978-3-446-27576-8
© by Sergii Rudenko
Agreement via Wiedling Literary Agency
Alle Rechte der deutschen Ausgabe:
© 2022 Carl Hanser Verlag GmbH & Co. KG, München
Umschlag: Anzinger und Rasp, München
Motiv: © Alexey Furman
Satz: Sandra Hacke, Dachau
Druck und Bindung: CPI books GmbH, Leck
Printed in Germany

Inhalt

VORWORT Selenskyjs Polit-Oscar 9

EPISODE 1 Zehn Anschläge
auf das Leben von Präsident Selenskyj 13

EPISODE 2 Die Präsidentschaftskampagne 17

EPISODE 3 »Dann eben im Stadion!« 23

EPISODE 4 Selenskyj und 42 Millionen
Präsidenten und Präsidentinnen 27

EPISODE 5 Die Ent-Virtualisierung von
Diener des Volkes 32

EPISODE 6 Der Präsident und der wild
gewordene Drucker 37

EPISODE 7 Das Impeachment von Donald Trump 42

EPISODE 8 Vizepräsident Bohdan 47

EPISODE 9 Das kosmische Jahr 1978 56

EPISODE 10 Die unvergleichliche Julija Mendel 61

EPISODE 11 Wladimir Putin in die Augen
schauen und … 65

EPISODE 12	Der Laie auf dem Roller	74
EPISODE 13	Eine Glocke für Masljakow	79
EPISODE 14	Rodnjanskyj, der Taufpate	87
EPISODE 15	Der Skandal von Jurmala	91
EPISODE 16	Der Clan »Kwartal 95«	95
EPISODE 17	Von Kadyrow auf die Probe gestellt	101
EPISODE 18	Die Gummiknüppel	106
EPISODE 19	Selenskyjs Double	110
EPISODE 20	Ein Frühstücksdirektor für Selenskyj	117
EPISODE 21	Selenskyj und die Schefir-Brüder	122
EPISODE 22	Kolomojskyjs Messer	127
EPISODE 23	Poroschenko auf den Knien	134
EPISODE 24	Der kollektive Selenskyj	147
EPISODE 25	Das Idol Sywocho	152
EPISODE 26	Ein Wahrheitsdetektor für die »Diener des Volkes«	156
EPISODE 27	Wer Selenskyj zum Junkie machte	160

EPISODE 28	Selenskyj unter Jermak	165
EPISODE 29	Selenskyjs Dream Team	176
EPISODE 30	Die Architektin Selenskyjs	183
EPISODE 31	Die magische Zahl 95	190
EPISODE 32	Er hat Selenskyjs Präsidentschaft vorhergesehen	194
EPISODE 33	Haharin für Selenskyj	199
EPISODE 34	Black Mirror für den Helden	202
EPISODE 35	Swirobij, Fedyna und das Opfer	206
EPISODE 36	Wagnergate – Eine Geschichte mit vielen Unbekannten	210
EPISODE 37	Wie der Oligarch Achmetow einen »Staatsstreich« für Selenskyj vorbereitete	214
EPISODE 38	Das Massaker von Butscha	217
EPILOG	Kriegspräsident	222

Vorwort

SELENSKYJS POLIT-OSCAR

Zu den Klängen des Titelsongs »Ich liebe mein Land ...« aus dem Soundtrack von *Diener des Volkes* traten am 21. April 2019 um acht Uhr abends Wolodymyr Selenskyj und sein Team vor die Presse.

Es war, als würde dieses dümmliche Liedchen in jenem Augenblick nicht nur den siegreichen Kandidaten besingen, sondern auch die 73 % der Wählerschaft, die ihm ihre Stimme gegeben hatten.

Ukrainische wie ausländische Journalisten und Journalistinnen, die das Park-Kongresszentrum in der ukrainischen Hauptstadt Kyjiw füllten, erwarteten voller Ungeduld die Triumphrede des frisch gewählten Präsidenten. Selenskyj strahlte. Und mit ihm alle, die ihn zum Sieg begleitet hatten: Andrij Bohdan, Dmytro Rasumkow, Kyrylo Tymoschenko, Andrij Jermak, Oleksandr Danyljuk und Wolodymyrs Frau Olena. Es regnete Konfetti, der Saal kochte, und es fehlte nicht viel und der präsidentielle Stab hätte begonnen zu tanzen.

»Das haben wir gemeinsam geschafft ...« – in dem ihm eigenen Duktus begann Selenskyj seine Rede. Ganz, wie es einem Schauspieler bei der Oscarverleihung gebührt, dankte er zuerst seinem Team, der Familie, Freunden, seiner Frau Olena und sogar zwei Reinigungskräften namens Oksana und Ljuba, die in den Büros seines Stabes für Ordnung gesorgt hätten. Er erinnerte auch an den symbolträchtigen 73. Block im Olympiastadion, vor dem er gemeinsam mit seinem Team den berühmt-berüchtigten Wahlkampfspot »Dann eben im Stadion« gedreht hatte.

Noch nicht aus dem Schatten seines TV-Alter-Egos Wasyl Holoborodko herausgetreten, riss Wolodymyr Witze, stichelte gegen den ukrainischen Inlandsgeheimdienst, der ihn, so seine Formulierung, »in Form gehalten habe«, und gab sich demonstrativ optimistisch. Nach seinem Abschied von der Konzertkarriere rechnete Selenskyj ganz offensichtlich mit ähnlich begeisterter Zustimmung auf der politischen Bühne. Ganz selbstverständlich verließ er sich darauf, beim Publikum gut anzukommen, zu hören, wie man applaudierte, »Bravo!« und »Zugabe!« rief. Das verwundert nicht. Man hatte ihn in den großen Konzertsälen von Moskau, Kyjiw, Odessa, Jurmala, Minsk und anderswo in der ehemaligen Sowjetunion bejubelt, überall hatte der Stern des Wolodymyr Selenskyj hell gestrahlt. Gleich nach seinem Sieg in Aleksandr Masljakows beliebter Gameshow *Klub der Witzigen und Schlagfertigen* 1997 war der damals 19-Jährige zu Fernsehruhm gelangt und für viele Ukrainerinnen und Ukrainer bis zur Übernahme des Präsidentenamts ein bekannter und beliebter Schauspieler gewesen.

Und wie hätte er an diesem Abend des 21. April 2019, nach seinem erdrutschartigen Wahlsieg, auch ahnen sollen, dass ihm nach nur einem knappen halben Jahr die Rufe »Schande!« und »Selja – Verschwinde!« entgegenschallen würden? Und zwar nicht nur von der Anhängerschaft seines größten Konkurrenten Petro Poroschenko, sondern auch aus dem Mund von Freiwilligen, von Militärangehörigen, von Kollegen und Kolleginnen aus der Politik?

Einige Monate nach der Amtseinführung würde er damit beginnen, sich seiner Mitstreiter auf dem Weg zum Sieg zu entledigen. Als Ersten würde es Oleksandr Danyljuk treffen, Sekretär des Nationalen Sicherheits- und Verteidigungsrates, der angeblich über Selenskyj verärgert war, weil der ihn nicht zum Ministerpräsidenten gemacht hatte. Dann flog der Leiter des

Büros des Präsidenten Andrij Bohdan aus dem Team, der seit Selenskyjs ersten Schritten auf der großen politischen Bühne an seiner Seite gestanden hatte. Weiterhin verloren auch Ministerpräsident Oleksij Hontscharuk und Generalstaatsanwalt Ruslan Rjaboschapka ihre Posten.

Alle Genannten waren wesentliche Bestandteile des »kollektiven Selenskyj« gewesen, den das Land am 21. April 2019 ins Amt gewählt hatte. Bis ins Finale der Präsidentschaftskampagne hinein hatte Selenskyj als individuelle politische Persönlichkeit ja nicht existiert. Überhaupt nicht, in keiner Weise. Er war ein begabter Komiker und als Manager beim Fernsehsender *Inter* und der Produktionsfirma Studio Kwartal 95 tätig. Und er war Schauspieler, der in der Rolle des Serienhelden Wasyl Holoborodko vom Geschichtslehrer zum Staatsoberhaupt aufsteigt. Sein präsidentielles Image verpasste ihm seine Entourage.

Vor drei Jahren verkündete der sechste Präsident der Ukraine: »Ich verspreche, euch niemals zu enttäuschen.« Mittlerweile haben wir Wolodymyr Selenskyj in vielen Lebenslagen erlebt. Er und sein Team mussten sich als unprofessionell kritisieren und der Korruption, der Arroganz und sogar des Hochverrats beschuldigen lassen. Seit dem 24. Februar 2022, dem Beginn des flächendeckenden russischen Angriffskrieges gegen die Ukraine, konnten wir allerdings einen ganz anderen Selenskyj entdecken. Einen Menschen, der keine Angst hat, Putins Herausforderung anzunehmen und sich vor Ort in der Ukraine an die Spitze des Widerstands gegen die russische Aggression zu stellen. Einen Präsidenten, dem es gelingt, Anhänger wie Gegner in diesem Widerstand zu vereinen, Nutznießer der Korruption mit Anti-Korruptionsaktivisten, Alte mit Jungen, Menschen verschiedener Nationalitäten und Glaubensrichtungen. Ein Staatsoberhaupt, dem man im US-amerikanischen Kongress und den Parlamenten Europas Beifall klatscht.

Jede der in diesem Buch geschilderten Episoden aus dem Leben des sechsten Präsidenten der Ukraine ist ein Mosaiksteinchen. Zusammengesetzt ergeben sie ein Porträt des Wolodymyr Selenskyj. Eines Menschen, der ohne jegliche politische Erfahrung oder entsprechende Kompetenzen den Ukrainerinnen und Ukrainern versprach, ihren Staat umzukrempeln. Eines Menschen, dem 13,5 Millionen Wähler und Wählerinnen ihre Stimme anvertrauten.

Das Buch will weder moralisieren noch Vorurteile bedienen oder gar manipulieren. Hier soll es um Fakten gehen, allein um Fakten. Mir war es schlicht darum zu tun, den sechsten Präsidenten der Ukraine ungeschminkt zu porträtieren.

Inwieweit mir dies gelungen ist, mögen meine Leserinnen und Leser selbst beurteilen.

Sergii Rudenko, April 2022

Episode 1

ZEHN ANSCHLÄGE AUF DAS LEBEN VON PRÄSIDENT SELENSKYJ

Am 24. Februar 2022 um 4 Uhr 50 morgens startete Moskau seine Raketenangriffe auf ukrainisches Territorium. Während das Staatsfernsehen der Russischen Föderation Wladimir Putins Ansprache an sein Volk übertrug, gingen gleichzeitig die ersten ballistischen Raketen auf Ukrainer und Ukrainerinnen in der Hauptstadt Kyjiw nieder, in Charkiw, Odessa, Mariupol, Dnipro und anderen Städten des Landes. Wenige Kilometer von meinem Zuhause in Kyjiw entfernt, in den Kyjiwer Vororten Browary und Boryspil, zitterte die Erde unter den Detonationen. Die verschlafenen Städte verwanden den ersten Schock. Sirenen von Ambulanzen, Feuerwehren und Ersthelfern zerschnitten scharf die winterliche Luft. Noch wollte das Bewusstsein die Tatsache nicht wahrhaben, dass Russland einen freien und unabhängigen Staat mitten in Europa bombardieren ließ. Alles gemahnte an einen irren Traum, der sich mit den ersten Sonnenstrahlen verflüchtigen würde.

Doch es war kein Traum. Es war die neue Wirklichkeit, in die hinein Ukrainer und Ukrainerinnen erwachten.

Eine halbe Stunde nach den ersten Einschlägen trat Wolodymyr Selenskyj an die Öffentlichkeit und bestätigte, dass zwischen Russland und der Ukraine Krieg herrschte. Von ihm erfuhr die Ukraine im Morgengrauen auch von den ersten Opfern des Überfalls durch den Kreml. Es waren Militärangehörige, die sich in Stützpunkten befunden hatten, auf die Moskau seine Geschosse hatte regnen lassen. So begann der flächendeckende

Angriffskrieg der Russischen Föderation gegen die Ukraine, an den bis dato niemand hatte glauben wollen. Auch Wolodymyr Selenskyj nicht. Einen Monat vor Kriegsausbruch hatte der Präsident trotz vielfacher Warnungen der amerikanischen und britischen Geheimdienste vor einem bevorstehenden Angriff noch beharrlich behauptet, alles unter Kontrolle zu haben. Das Ausland verbreite nur Panik, zu der überhaupt kein Anlass bestehe.

In der Nacht auf den 24. Februar, buchstäblich wenige Stunden vor Ausbruch der Kampfhandlungen, hatte sich der ukrainische Präsident öffentlich an die Bevölkerung in Russland gewandt. Er hatte ernsthaft gehofft, er sei in der Lage, Putin zu stoppen. Obwohl seit der Annexion der Krym und der Besetzung von Teilen des Donbas 2014 wohl nur noch die bedingungslose Kapitulation der Ukraine oder alternativ eine Kugel in den Kopf den Kremlherren hätten stoppen können. Putin war nicht müde geworden zu behaupten, die ukrainische Staatlichkeit ginge auf Wladimir Lenin zurück, und die Ukrainer als Volk seien der Einbildung des Grafen Potocki entsprungen. Wie er es ja auch unmittelbar vor dem Überfall auf die Ukraine noch gebetsmühlenartig wiederholt hatte. Dabei wurde die ukrainische Hauptstadt Kyjiw gegründet, als das Gebiet des heutigen Moskau noch Sumpfland war. Die öffentliche Bekundung Putins, die sogenannte »Unabhängigkeit« der Pseudostaaten »Donezker« und »Luhansker Volksrepublik« sicherstellen zu wollen, war nur der Vorwand, unter dem er zur Vernichtung des ukrainischen Staates blies.

Präsident Selenskyj nahm Putins Fehdehandschuh würdig auf. Trotz zahlreicher Angebote seitens der USA und zehn Anschlägen auf sein Leben (die Zahl wurde im März von Mychajlo Podoljak aus dem Büro des Präsidenten genannt), die er allesamt überlebte, verließ er Kyjiw nicht. Putin wollte seinen Tod –

wenn nicht physisch, so ganz sicher politisch. Dass es so weit nicht kam, bezeugt die Schwäche des Machthabers im Kreml. Das Büro des Präsidenten im Herzen Kyjiws wurde zu einem wichtigen Symbol für die Unbeugsamkeit des ukrainischen Volks. Der Mut, mit dem Wolodymyr als Oberkommandierender der Streitkräfte dem russischen Angriff die Stirn bietet, hat die Ukrainer und Ukrainerinnen schlicht beeindruckt, unter ihnen zuallererst auch die Gegner des sechsten Präsidenten. In den Parlamenten überall in Europa applaudiert man ihm stehend, auf ihm als Mensch ruht die Aufmerksamkeit der ganzen Welt. Die Popularität, die Wolodymyr Selenskyj gegenwärtig im Westen genießt, lässt sich nur mit der des Präsidenten der Sowjetunion Michail Gorbatschow vergleichen.

Der Blitzkrieg, auf den Wladimir Putin in der Ukraine spekuliert hatte, ist gescheitert. Russland traf auf den erbitterten Widerstand des ukrainischen Volks mit seinem Präsidenten Selenskyj an der Spitze. Auch war der Kreml anscheinend nicht davon ausgegangen, dass der vom Zaun gebrochene Krieg von den Ukrainern als Krieg des ganzen Volks geführt werden würde. Die russischen Invasoren wurden mit Feuer empfangen – nicht nur von den Streitkräften, sondern auch von ganz normalen Bürgerinnen und Bürgern. Und zum ersten Mal in der jüngeren Geschichte des Landes können wir beobachten, wie sich alle Ukrainer geeint einem äußeren Feind entgegenstellen.

Über Selenskyjs Rolle und Selenskyjs Sieg in diesem Krieg werden zweifellos künftig die Historiker zu befinden haben. Über ihn werden Filme gedreht und Bücher geschrieben werden, man wird Straßen, Plätze und Universitäten nach ihm benennen. Selenskyj persönlich wird für immer mit der Epoche der ukrainischen Geschichte verbunden bleiben, die unter der Überschrift »Der endgültige Bruch mit Russland« verhandelt werden wird.

Jahrhundertelang haben die Ukrainer mit Moskau um das Recht auf Freiheit und Unabhängigkeit gekämpft. Millionen Menschen haben in diesem blutigen Ringen ihr Leben gelassen, ohne dass der ukrainisch-russische Kampf je ein Ende zu nehmen schien. Der Kreml hoffte noch bis vor Kurzem, es würde gelingen, die Ukraine auch weiterhin in seiner Einflusszone zu halten. Doch er hat sich verrechnet. Jener Wladimir Putin hat sich verrechnet, der stets herablassend über Wolodymyr Selenskyj sprach. Es ist dann wohl eine Ironie des Schicksals, dass ausgerechnet der, dem der russische Präsident bis zuletzt nicht auf Augenhöhe begegnen mochte, zum Totengräber des gegenwärtigen russischen Regimes werden dürfte.

Episode 2

DIE PRÄSIDENTSCHAFTSKAMPAGNE

31. Dezember 2018. Fünf Minuten vor Mitternacht.

Mit dem Champagnerglas in der Hand erwarten Ukrainer und Ukrainerinnen das neue Jahr. Der Countdown läuft, der Auftritt des Präsidenten steht an. Für Petro Poroschenko ist es das letzte Neujahrsgrußwort in seiner Funktion als Staatsoberhaupt.

Die Umfragen sind mitleidlos. Nur 11,6 % beabsichtigen den Daten des Kyjiwer Internationalen Instituts für Soziologie zufolge für den amtierenden Präsidenten zu stimmen. Mit 21,2 % zeichnet sich Poroschenkos langjährige Gegnerin Julija Tymoschenko als Favoritin ab. Auf Platz drei des Rankings liegt mit 14,6 % Wolodymyr Selenskyj, Artdirector bei Studio Kwartal 95, der sich bisher noch mit keinem Wort dazu geäußert hat, ob er tatsächlich die Absicht hat, für das höchste Staatsamt zu kandidieren.

Da wird die traditionelle Silvestershow von Studio Kwartal 95 auf dem Sender *1+1* auch schon unterbrochen – für das Grußwort des Präsidenten. Doch statt Petro Poroschenko erscheint auf den Bildschirmen Wolodymyr Selenskyj. In weißem Hemd mit aufgekrempelten Ärmeln, so tritt er aus den Kulissen. »Guten Abend, Freunde ...«, beginnt er auf Russisch und wechselt erst nach 15 Sekunden ins Ukrainische. Er spricht über drei Einstellungen, die Ukrainerinnen und Ukrainern typischerweise eigen seien:

Erstens: so vor sich hin leben.

Zweitens: Sachen packen und ab ins Ausland.

Und drittens: anpacken und vielleicht was in der Ukraine verändern.

Und er sagt: »Ich habe mich für die dritte Möglichkeit entschieden. Schon lange wollen ja alle von mir wissen: Machst du's jetzt oder machst du's nicht? Wisst ihr, im Gegensatz zu den hohen Tieren in der Politik wollte ich euch keine leeren Versprechungen machen. Jetzt aber, wo in wenigen Minuten das neue Jahr beginnt, da verspreche ich euch etwas und setze es auch unverzüglich in die Tat um. Liebe Ukrainerinnen und Ukrainer, ich verspreche euch, dass ich für das Präsidentenamt kandidieren werde. Und ich erfülle mein Versprechen: Ich kandidiere.«

Ich bin mir ziemlich sicher, dass unter den Gästen an ihren Tischchen nicht alle gleich begriffen, was da soeben vorgefallen war. Das Ganze hätte auch als Programmpunkt der Show durchgehen können. Die Showbühne. Das gedimmte Licht. Der lächelnde Selenskyj. Die Zeichentrick-Synchronstimme von Paddington, dem Bären. Wie jetzt, Präsidentschaftskandidat? Wo ist die Krawatte? Wo der Anzug? Wo sind die üblichen pathetischen Aussagen? Wo ist das alles? Und wo ist eigentlich Petro Poroschenko geblieben?

Die Anhängerschaft des fünften Präsidenten entfesselte in den sozialen Netzwerken beim Anblick Wolodymyrs anstelle Petros einen Shitstorm, wie er im Buche steht: »Wer? Dieser Clown?« »Von wegen Präsidentschaftskandidat, was glaubt er denn, wer er ist?« »Unverschämtheit!« In den Posts geizte man nicht mit unschmeichelhaften Zuschreibungen an Selenskyj. Und auch der Oligarch Ihor Kolomojskyj, Mehrheitseigner von 1+1, und der Generaldirektor des Senders Oleksandr Tkatschenko, der später für die Partei »Diener des Volkes« ins Parlament einziehen und ukrainischer Kulturminister werden sollte, wurden weidlich mit Kritik bedacht.

Auch in den Wahlkampfzentralen der anderen Kandidaten

wurde die Ansage des Artdirectors von Studio Kwartal 95 offensichtlich eher wie ein missglückter Scherz aufgenommen.

Dabei war es Selenskyj in dieser Silvesternacht so ernst wie nie.

Den Auftritt des Schauspielers als eine seiner üblichen komödiantischen Einlagen verbuchen konnte nur, wer nicht mitbekommen hatte, dass Selenskyj die Entscheidung, sich in den Präsidentschaftswahlkampf einzuschalten, schon seit geraumer Zeit mit sich herumgetragen hatte. Schon vor Langem hatte sein Team damit begonnen, auf die Wahlen hinzuarbeiten. Im Sommer 2018 hatte Wolodymyr bereits versteckte Hinweise gestreut, als er den beliebten Aktivisten und Frontmann der Band »Okean Elzy« Swjatoslaw Wakartschuk triezte: »Slawo, machst du's oder machst du's nicht? Wenn du's machst, mach ich's auch. Wenn du jetzt hier felsenfest Ja sagst oder beinhart Nein, dann mach ich's dir nach. Mich fragen nämlich alle, was denn nun sei. Mit mir? Na was wohl. Aber was ist mit dir? Nämlich, wenn du und ich, dann eben wir. Und wenn wir beide – dann alle.«

Der Politiker Roman Bessmertnyj erinnert sich, dass er Swjatoslaw Wakartschuk schon lange vor Beginn des Wahlkampfs aufgesucht und ihn darum gebeten hatte, nicht anzutreten – und nach Möglichkeit auch Wolodymyr Selenskyj zu überzeugen, davon Abstand zu nehmen: »Ich sagte ihm: ›Slawo, ich respektiere dich als Künstler, aber bitte geh zu Selenskyj und sprich dich mit ihm ab, dass keiner von euch beiden sich zur Wahl stellt. Sollte einer von euch das Rennen machen, dann zersprengt ihr die Ukraine in tausend Stücke, und es wird dann sehr schwierig werden, noch über irgendwas zu reden.‹ Ich weiß nicht, ob er auf mich oder andere gehört hat, jedenfalls tat Wakartschuk das einzig Vernünftige und kandidierte nicht. Stattdessen machte er sich fit für den Parlamentswahlkampf. Das konnte ich auch total nachvollziehen, war mir doch nur allzu klar, dass weder der eine noch der andere fähig waren, die Probleme zu schultern, vor denen die Ukraine steht. Deren entscheidendstes ist der Krieg«, so erzählt es mir Bessmertnyj.

Ungeachtet dessen formierte sich im Herbst 2018 der Wahlkampfstab des künftigen Präsidenten, dem sich auch der Spindoktor Dmytro Rasumkow anschloss, damals (nimmt man den Frontmann von Studio Kwartal 95 einmal aus) der einzige Medienprofi im Team.

Zur Vorbereitung auf die Wahlen schaltete Selenskyjs Team im Winter 2018/2019 Radiospots und Billboardwerbung mit dem Slogan: »Ich scherze nicht.« Zur gleichen Zeit wurde die dritte Staffel der Serie *Diener des Volkes* ausgestrahlt, nun nicht mehr nur mit dem Schauspieler Selenskyj, sondern mit dem ukrainischen Präsidenten in spe in der Rolle des Lehrers Wasyl Holoborodko, der für sich selbst völlig unerwartet zum Staatsoberhaupt wird.

Mit einem Sieg rechnete zu diesem Zeitpunkt in Selenskyjs Team allerdings kaum jemand. Laut Andrij Bohdan, dem ehemaligen Leiter des Büros des Präsidenten, entschied sich Wolodymyr tatsächlich auch endgültig erst am 31. Dezember 2018.

Für Selenskyj und seine Truppe war die Kampagne selbstverständlich auch eine wunderbare Gelegenheit, vor den anstehenden Parlamentswahlen die eigene, erst im Mai 2016 gegründete Partei »Diener des Volkes« bekannter zu machen.

Für Ihor Kolomojskyj mit seinem angespannten Verhältnis zu Petro Poroschenko war Selenskyj ein Faustpfand, sowohl dem fünften Präsidenten als auch seiner Erzrivalin Julija Tymoschenko gegenüber. Selenskyjs Team hingegen, so behauptet es zumindest Politikberater Serhij Hajdaj, sah die Wahlkampagne eher als eine Art Spiel: »Ich unterhielt mich mal mit Leuten, die geschäftlich mit den Schefir-Brüdern zu tun hatten. Die beiden – und da lief die Kampagne schon – glaubten null an Selenskyjs Sieg, sie hielten ihn für ausgeschlossen. Nach dem Motto, wieder so ein Einfall vom guten Wolodymyr, lassen wir ihn halt seinen Spaß haben. Als er dann siegte, waren sie vollkommen von der Rolle, wussten überhaupt nicht, wie sie damit klarkommen sollten, denn sie begriffen, was das für eine Verantwortung bedeutete und dass ihr altes Leben vorbei war. Dass es Studio Kwartal 95 von da an nicht mehr geben würde wie gehabt, ebenso ihre anderen Produktionsfirmen … Ihnen wurde klar, dass sie von nun an in einer komplett anderen Wirklichkeit lebten und ganz andere Menschen sein mussten. Das verwirrte sie, und sie hätten sich dazu gern mit jemandem beraten. Allerdings ging es nur den beiden so. Für Selenskyj selbst war es ganz anders. Er hatte, so glaube ich, bereits Bohdan an seiner Seite, der ihm sagte: ›So, jetzt mach dir keinen Kopf, ich weiß, was zu tun ist und wie wir das angehen, wir müssen jetzt nach vorne schauen.‹ Damals konnte keiner Bohdan leiden, denn er stach neben dem Präsidenten hervor, und es war spürbar, dass er die treibende Kraft in dem Ganzen war«, so erzählte es mir Hajdaj.

Wie es auch gewesen sein mag, der Schritt, den Wolodymyr Selenskyj in der Silvesternacht auf 2019 tat, warf nicht nur seine vorgezeichnete Karriere als Unterhaltungskünstler über den Haufen. Dieser Schritt sollte auch die Regeln aus den Angeln heben, nach denen die ukrainische Politik bisher funktioniert hatte.

Nicht unerwähnt soll bleiben, dass der Politiker Roman Bessmertnyj, seinerseits als Präsidentschaftskandidat bei den Vorwahlen im Rennen, den Versuch unternahm, Selenskyj noch am 22. März 2019 zu stoppen. Er forderte ihn öffentlich dazu auf, seine Kandidatur niederzulegen: »Holen Sie Ihre Unterlagen bei der Zentralen Wahlkommission wieder ab, das Ganze ist doch eine Schande und eine Demütigung für die Nation«, so drückte er sich aus.

Allerdings stieß sein Aufruf auf taube Ohren.

Und das Ergebnis?

Petro Poroschenko erhält von den Wählern und Wählerinnen eine schallende Ohrfeige.

Julija Tymoschenkos Zeit ist immer noch nicht gekommen – auch sie wird nicht Präsidentin.

Oleh Ljaschko bekommt auf der politischen Bühne einen mächtigen Konkurrenten und erleidet wenige Monate später mit seiner »Radikalen Partei von Oleh Ljaschko« bei den Parlamentswahlen herbe Verluste.

Oberst Anatolij Hryzenko verabschiedet sich ins Politrentnerdasein.

Und die Ukraine bekommt, was sie will – Wolodymyr Selenskyj.

Einer von Selenskyjs damaligen Mitstreitern, Ruslan Rjaboschapka, wird später sagen, das Land habe für einen Kandidaten gestimmt und einen ganz anderen Präsidenten bekommen. Als hätte man im Wahlkampf den einen Menschen vor sich gehabt und danach – einen völlig anderen.

Episode 3

»DANN EBEN IM STADION!«

19. April 2019. Das größte Stadion der Ukraine, der Nationale Sportkomplex Olympia in Kyjiw tobt.

20 000 Zuschauer warten auf die Debatte zwischen Petro Poroschenko und Wolodymyr Selenskyj. Zum ersten Mal in der Geschichte der Präsidentschaftswahlen in der Ukraine versuchen zwei Kandidaten, einander unter dem Gebrüll von den Rängen in Bedrängnis zu bringen. »Dann eben im Stadion!« – die saloppe Aussage, mit der Poroschenko die Herausforderung Selenskyis angenommen hatte, sich dem Duell in einem größeren Rahmen zu stellen, sollte in der Folge sprichwörtlich und zu einem regelrechten Meme der Selenskyi-Kampagne werden.

150 Fernsehsender zeichnen das Spektakel auf und übertragen live.

Im Verlauf der Kampagne hatte Petro Poroschenkos Team sich wiederholt abfällige Äußerungen über Wolodymyr Selenskyj erlaubt. »Hologramm«, »Clown«, »Kolomojskyj-Marionette« und »Handlanger des Kreml« sind eine bei Weitem nicht erschöpfende Zusammenstellung der verbalen Ergüsse, die Petro so gut wie täglich auf seinen Gegner herabregnen ließ.

Er und seine Spindoktoren waren felsenfest davon überzeugt, dass ein Kandidat Selenskyj schlicht ein Fehlgriff war.

Um dies auch der Öffentlichkeit klarzumachen, dazu würde, nach Meinung von Poroschenkos Team, die öffentliche Debatte zwischen den Kandidaten dann schon genügen. Eine Spielart der typischen Überheblichkeit des Politikbetriebes, die der damalige Präsident augenscheinlich mit Löffeln gefressen hatte.

Und Selenskyj? Was war von einem Komiker schon zu erwarten? Auswendig gelernte Reden? Einflüsterungen von Beratern? »Den demontiere ich, bis nichts mehr übrig ist«, so mag Petro sich gedacht haben. Er irrte gewaltig. Denn auf die Debatte hatte Selenskyj sich eine ganze Woche vorbereitet. So behauptet es zumindest Andrij Bohdan.

Man muss dazu wissen, dass Poroschenkos Team schon vor der ersten Wahlrunde auf einer Debatte der Kandidaten bestanden hatte. Damals war bereits klar, dass es im Wesentlichen drei Anwärter auf den Sessel des Staatsoberhaupts geben würde – Petro Poroschenko, Wolodymyr Selenskyj und Julija Tymoschenko. Der Artdirector von Studio Kwartal 95 allerdings hatte Einladungen zu solchen Veranstaltungen konsequent ignoriert. In der Phase zwischen der ersten und der zweiten Wahlrunde wurde das Verlangen, den verbliebenen Gegner aus der virtuellen in die wirkliche Welt zu zerren und damit als politischen Flop zu enttarnen, in Poroschenkos Stab dann zu einer fixen Idee.

Nach zweiwöchigem Hin und Her war es schließlich aber Selenskyj, der Poroschenko zu einem Schlagabtausch einlud. Dieser sollte zwei Tage vor der zweiten Wahlrunde stattfinden – am 19. April um 19 Uhr, im besagten Olympiastadion. Vor Publikum, Presse und landesweit im Fernsehen übertragen – so lauteten Wolodymyrs Bedingungen. Seine Videobotschaft an Poroschenko ließ Selenskyj kinoreif inszenieren: Er läuft durch die Stadionkatakomben, betritt mit dem 73. Block im Rücken das Spielfeld und fordert, ganz der edle Streiter, seinen Gegner zum Kampf.

Natürlich hatte der Schauspieler ein ihm gemäßes Setting gewählt – Bühne, Publikum, Blitzlichtgewitter, Scheinwerfer, Fernsehkameras. Nach kurzer Diskussion sah sich Poroschenko gezwungen, sich auf sämtliche Bedingungen einzulassen, so groß war sein Wunsch, die Unfähigkeit seines Opponenten zu entlarven.

Zwei Support-Teams freiwilliger Wahlkampfhelfer im Stadion. Zwei Bühnen. Zwei Konzerte gleichzeitig. Fankurven für Poroschenko- und für Selenskyj-Anhänger. Als Moderatoren die beiden bekannten Fernsehjournalisten Olena Froljak und Andrij Kulykow. Die Teams der beiden Kandidaten. Fehlte nur noch, dass die Rivalen in Glitzergürteln wie Boxchampions die Bühne betreten, und dazu der Sound des Ringsprechers: »Ladies and Gentlemen …«

Das Publikum erwartete ein Spektakel. Und es kam auf seine Kosten.

Poroschenko verließ seine Bühne und begab sich auf die von Selenskyjs Leuten gestaltete. Petro und Wolodymyr schüttelten sich die Hände, und die Debatte begann.

Wolodymyr Selenskyj war keinesfalls so hilflos, wie Petro Poroschenko es sich vorgestellt hatte. Was am 19. April auf der Bühne im Olympiastadion geschah, kann man kaum unter dem Begriff »politische Debatte« fassen. Es gemahnte eher an eine Folge des *Klubs der Witzigen und Schlagfertigen,* genauer gesagt an einen Battle zweier Comedy-Stars.

Wolodymyr war in seinem Element. Ja, seine Ausführungen enthielten einiges an hausgemachten Ideen. Ja, er bezeichnete die Kämpfer der sogenannten »Donezker Volksrepublik« als »Aufständische«. Und ja, er versprach seinem Opponenten auf ziemlich kindische Art »echt harte Zeiten« nach Ende des Präsidentschaftswahlkampfs. Aber Selenskyj kam rüber als einer, dem es ernst ist. Diesem Eindruck der Ernsthaftigkeit zuwider lief allein der Auftritt seines Freundes und Kollegen von Studio Kwartal 95 Jewhen Koschowyj, der in einem Hoodie mit dem Aufdruck »POHUY«, zu Deutsch in etwa »Ihr könnt mich mal«, auf die Bühne kam.

Zu einem Austausch über die Zukunft des Landes kam es zwischen Poroschenko und Selenskyj allerdings nicht. Das Verbalduell der beiden erschöpfte sich in gegenseitigen Anschuldigungen, lautstarken Vorwürfen, politischem Trolling und dergleichen. Der Entertainer warf dem fünften Präsidenten eine korrupte Cliquenwirtschaft, blutige Geschäfte, die Verschleppung der Untersuchung der Todesfälle auf dem Majdan sowie den ungelösten Krieg im Donbas vor. Jener beschuldigte seinerseits Selenskyj, sich seiner Einberufung zum Wehrdienst entzogen zu haben und kein unabhängiger Politiker zu sein, wofür er dessen Beziehungen zu Kolomojskyj ins Feld führte und auch die damals schwelenden Gerüchte wiederholte, nach denen die ehemalige »Partei der Regionen« und damit der nach dem Majdan abgesetzte Wiktor Janukowytsch bei ihm mithöre.

Den Sieg über Poroschenko errang Selenskyj mit einem schauspielerischen Glanzstück, indem er ihn nämlich zu einem Kniefall vor den Familien der Gefallenen nötigte.

»Ich bin nicht Ihr Gegner, ich bin Ihr Urteil« – Selenskyjs ebenso theatralische wie pathetische Phrase an die Adresse Poroschenkos setzte den Schlusspunkt hinter die Debatte im Olympiastadion. Und bei näherem Hinsehen auch hinter die fünfjährige Amtszeit von Petro Poroschenko. Gleichzeitig läutete sie seine eigene politische Karriere ein.

Die im Grunde mit den gleichen Mängeln behaftet war wie die seines Gegners. Die ihm und seinem Team Korruptionsvorwürfe eintrug. Und die Freundschaften und Seilschaften mit politischer Macht verwob.

Völlig unbestritten ist aber auch, dass Wolodymyr Selenskyj es sich niemals hätte träumen lassen, welche Prüfung ihn und sein Land im Februar 2022 erwarten würde – ebenso wie das Land es sich wohl nicht hätte träumen lassen, welchen Präsidenten es mit dem Beginn des Krieges würde erleben können.

Episode 4

SELENSKYJ UND 42 MILLIONEN PRÄSIDENTEN UND PRÄSIDENTINNEN

Am 30. April 2019 gab die Staatliche Wahlkommission das Endergebnis der Präsidentschaftswahlen bekannt: 73,22 % der Stimmen für Wolodymyr Selenskyj zu 24,45 % für Petro Poroschenko.

Wolodymyrs überzeugender Sieg ließ es als Gewissheit erscheinen, dass er in nur wenigen Wochen an die Spitze des Staates treten würde. Allerdings lief es dann doch nicht ganz so glatt, denn das Parlament, das Sitzungspause hatte und sich in den Maiferien befand, konnte sich geschlagene zwei Wochen nicht auf ein Datum für Selenskyjs Amtseinführung einigen.

Dann machte sein Team auch noch öffentlich Stimmung gegen den unterlegenen Vorgänger, nach dem Motto, »Leute, packt endlich euren Kram und macht Platz für uns in der Bankowa« – dem Präsidentensitz in der Bankowa-Straße im Zentrum von Kyjiw. Man konnte den Eindruck gewinnen, als verlören die Gewinner die Geduld und würden die Kisten der Besiegten am liebsten ganz ohne pompöse Zeremonie eigenhändig aus den Büros der Präsidialverwaltung schleppen.

Selenskyj wusste nur zu gut, dass man in der ukrainischen Politik, gelinde gesagt, nicht gerade glücklich mit ihm war. Auch sein überwältigendes Wahlergebnis katapultierte ihn nicht als Ebenbürtigen in die Riege und die Amtsstuben derjenigen, die über ein Jahrzehnt lang in den Regierungsgebäuden auf dem Petschersker Hügel in der Hauptstadt geschaltet und gewaltet hatten. Wolodymyr war das völlig klar. Auf diesem Grund stellte er der Werchowna Rada, dem ukrainischen Parlament, auch unverzüglich ein Ultimatum: »Datum der Amtseinführung soll der 19. Mai sein.« Verschiedentlich erzählt man sich, Selenskyj habe diesen Tag auf astrologischen Rat hin festgelegt. Angeblich sei es »ein guter Tag für den Beginn einer neuen Unternehmung« gewesen ...

Doch das Parlament wies Selenskyjs Ansinnen zurück. Am Sonntag, dem 19. Mai, gedachte man planmäßig der Opfer politischer Verfolgung, weswegen die Abgeordneten beschlossen, den neuen Präsidenten am folgenden Tag, Montag, den 20. Mai, in sein Amt einzuführen. Wolodymyr verbarg seinen Ärger darüber nicht.

Am Tag von Selenskyjs Amtseinführung glich der Platz der Verfassung vor dem Parlamentsgebäude und dem Marienpalast, der Residenz des ukrainischen Präsidenten, dem Roten Teppich bei den Filmfestspielen von Cannes. Kameradrohnen surrten, ein Meer von Fans wogte, allesamt in gespannter Erwartung ihres Stars. Bekannte, Freunde und Unterstützer Selenskyjs standen Schlange vor der am Marienpalast errichteten Zuschauertribüne.

Um 9 Uhr 55 schritt Wolodymyr Selenskyj in Begleitung von vier Leibwächtern unter tosendem Applaus zum Parlamentsgebäude. Der frisch gewählte Präsident war gut gelaunt, strahlte geradezu vor Glück und streckte Gratulanten und Gratulantinnen freigiebig die Hand entgegen. Als er in der Menge seinen Kumpel und Kollegen von Studio Kwartal 95 Jewhen Koschowyj erblickte, machte Selenskyj einen Luftsprung und küsste dessen kahl rasierten Schädel. Dies war seine vermutlich letzte komische Einlage als freier Mann, ohne die Bürde der Präsidentschaft auf seinen Schultern.

Um 10 Uhr 01 betrat Wolodymyr Selenskyj das Parlamentsgebäude. Fünf Minuten später war er bereits vereidigt.

In seiner neuen Funktion erklärte er: »Liebe Ukrainerinnen und Ukrainer! Nach dem Wahlsieg hat mein sechsjähriger Sohn zu mir gesagt: ›Papa, im Fernsehen sagen sie, Selenskyj ist Präsident geworden. Dann bin ich also auch Präsident.‹ Damals klang das wie ein kindlicher Witz. Aber inzwischen ist mir klar geworden, dass das stimmt. Es ist tatsächlich so: Jeder und jede von uns ist Präsident«, so begann der sechste Präsident der Ukraine seine Antrittsrede.

Wie er da so auf dem Podium vor den Abgeordneten der Rada stand, einem ihm überwiegend skeptisch gegenüberstehenden Publikum, schien Selenskyj deren Missbilligung geradezu zu genießen. Ich bin mir sicher, hätte er einen vergleichbaren Moment auf der Showbühne durchlebt, hätte er es sich nicht nehmen lassen, mit gereckter Faust aus den Kulissen zu springen und auszurufen: »Hab ich's euch gezeigt!« Doch das Protokoll und die Anwesenheit ausländischer Staatsgäste zwangen Selenskyj, sich in seinem Auftreten und Verhalten zu mäßigen. Nicht aber in dem, was er sagte.

In seiner Antrittsrede sprach Präsident Selenskyj viele wahre und treffende Worte aus, auch an die Adresse derjenigen gerichtet, die die Ukraine verlassen oder, auf dem Territorium der annektierten Krym oder des besetzten Donbas lebend, den Glauben an die Ukraine schon verloren hatten. Der ukrainische Staat brauche Frieden und das Land einen Neustart, konstatierte er. Wolodymyr trat wie ein Anti-Systempolitiker auf, der sich anschickte, das System zu zerschlagen. Das System wiederum sollte sich dem logischerweise widersetzen.

Zwei Monate gab er den Abgeordneten für die Annahme einer Gesetzesvorlage zur Abschaffung der parlamentarischen Immunität und die Abstimmung über ein reformiertes Wahlgesetz. Danach müsse es vorgezogene Parlamentswahlen geben. Selenskyj redete zum Hohen Haus in einer Sprache voller

Ultimaten. Rumoren, Applaus und verdrossene Zwischenrufe zwangen den Präsidenten dazu, jedes Wort seiner Rede prononciert auszusprechen und immer wieder theatralische Pausen einzulegen. Was da unter der Parlamentskuppel geschah, wirkte wie eine neue Folge der Serie *Diener des Volkes*. Als er den sofortigen Rücktritt des Chefs des Inlandsgeheimdienstes, des Verteidigungsministers, des Generalstaatsanwalts und diverser anderer Regierungsmitglieder forderte, fehlten Selenskyj eigentlich nur noch die Maschinenpistolen, mit denen sein Serien-Alter-Ego schließlich auf die Abgeordneten schießt.

Die politischen »Dinosaurier« im Sitzungssaal der Rada beobachteten Selenskyj mit Herablassung und Argwohn: »Wollen wir doch mal sehen, ob du uns verdaut kriegst.« Etwas in diese Richtung mögen sich auch die vier Ex-Präsidenten gedacht haben, Leonid Krawtschuk, Leonid Kutschma, Wiktor Juschtschenko und Petro Poroschenko, die in der Gästeloge Platz genommen hatten. Was Wiktor Janukowytsch in seinem Exil bei Moskau dachte, ist nicht bekannt. Der alarmierte Gesichtsausdruck von Olena Selenska, die neben den ehemaligen Präsidenten saß, sprach allerdings Bände. Die First Lady war angespannt und besorgt. Sie zählte zu denen, die Selenskyj lieber nicht als Präsident gesehen hätten.

Am Ende der Antrittsrede ergriff Parlamentssprecher Andrij Parubij das Wort und sagte lächelnd: »Ich danke Ihnen allen für Ihre Anwesenheit bei dieser feierlichen Sitzung. Es war lustig.«

Selenskyj schien ihm das übel zu nehmen. Aber er legte sich nicht mit Parubij an. Bei seinem Auszug aus dem Sitzungssaal tauschte er Höflichkeiten mit Oleh Ljaschko aus, dem Mann, den er wiederholt in seiner Sendung *Abend Kwartal* auf der Showbühne parodiert hatte. »Wolodymyr, das war ein miserabler Einstieg. Mit dir wird es ein schlechtes Ende nehmen«, schrie der Vorsitzende der »Radikalen Partei von Oleh Ljaschko«. Selenskyj wies zur Antwort nur mit dem Zeigefinger in Ljaschkos Richtung.

Selenskyjs Start in die Präsidentschaft war großes Kino – glamourös, nach einem gut geschriebenen Drehbuch, mit ausgeklügelter Regie. Die Menschen vor dem Parlament und an den Fernsehschirmen jubelten. Ihr Idol schickte sich an, das alte System in Stücke zu reißen.

Eine neue Ära hatte begonnen: die Ära von Präsident Selenskyj.

Episode 5

DIE ENT-VIRTUALISIERUNG
VON *DIENER DES VOLKES*

Am Anfang war das Wort. Genauer gesagt – eine Folge von Wörtern. Und noch präziser – der Serientitel *Diener des Volkes*. Erst danach war da die Partei gleichen Namens.
Ohne Ideologie.
Ohne lokale Organisationsstrukturen.
Ohne Mitglieder.

Und »Diener des Volkes« hieß sie auch nur als Ergebnis einer Umbenennung der »Partei des entschlossenen Wandels«. Eine Art virtuelles politisches Fast Food also, im Zeitalter von Cybersex und virtueller Liebe. Mit zweifelhaften Wahlaussichten und Iwan Bakanow an der Spitze, Jurist und Selenskyj-Freund seit Kindertagen.

Als sie noch rein gar nichts vorzuweisen hatte, wurde die Partei im Dezember 2017 schon bei 4 % gesehen. Später gaben die Soziologen ihr Zustimmungsraten von 5 % und im weiteren Verlauf 8,7 %. Die Verkäufer politischer Illusionen und des Images von Wasyl Holoborodko fühlten sich wohl in der virtuellen Welt. Selenskyj gelangte sogar ins Präsidentenamt, indem er sich auf »Diener des Volkes« als politische Partei stützte. Obwohl er auf dem Wahlzettel als parteilos und unabhängig aufgeführt war, war ja doch allen klar: Wer Selenskyj sagt, meint »Diener des Volkes«, wer »Diener des Volkes« sagt, meint Selenskyj.

Nach Wolodymyrs Sieg bei den Präsidentschaftswahlen hegte niemand mehr ernsthafte Zweifel daran, dass die Partei, deren inoffizieller Chef er war, bald schon landesweit eine führende Rolle übernehmen würde.

Ende Mai 2019 wurde Iwan Bakanow, der kommissarisch den Chefposten beim Inlandsgeheimdienst übernahm, an der Parteispitze von Dmytro Rasumkow abgelöst, und bei ihrem Parteitag im Kyjiwer Botanischen Garten nur zwei Wochen später hatte die Partei schon ihre erste Kandidatenliste bestückt und 100 Personen benannt, mit denen sie zu den vorgezogenen Parlamentswahlen antreten wollte.

Aus den Kreisen um Wolodymyr Selenskyj ließ man sogleich verlautbaren, »Diener des Volkes« hinge einer libertären Ideologie an, deren Grundlage das Prinzip der Freiheit sei.

Im Verlauf versuchten selbige Kreise nicht nur einmal, die ideologischen Grundlagen der Partei nachzujustieren. Zuletzt war die Rede davon, »Diener des Volkes« vertrete die Idee eines »ukrainischen Zentralismus«. Dabei stand allerdings sowieso fest, dass satte 45 % der Ukrainerinnen und Ukrainer, die für »Diener des Volkes« stimmen wollten, keinen Pfifferling darauf gaben, welchen Ideen oder Prinzipien die Partei ihres Idols sich verschrieben hatte. Für sie war »Diener des Volkes« schlicht jene beliebte Fernsehserie, in der Wolodymyr Selenskyj in der Rolle des Wasyl Holoborodko sich listig und spitzbübisch mit der beim Volk verhassten Regierung anlegt.

Parteiarbeit bei »Diener des Volkes« war für die Mehrheit ihrer Anhänger dann auch eine Art Quest: Zusammenkünfte mit Coca-Cola, Pizza und Schawarma, ein Selfie mit dem berühmten Showmaster, Memes wie »Dann eben im Stadion« und »Gemeinsam schaffen wir die«, der traumhafte Sieg Selenskyjs, die filmreife Amtseinführung. Der junge, sympathische und schlagfertige Anführer. All das gehörte zu einem großen und aufregenden Spiel. So mancher meint ja, die Welt ändere sich und mit ihr eben auch die Parteien. Es könne nun mal nicht bei der KPdSU mit ihren abscheulichen Parteitagen als Prototyp bleiben. Da ist sicherlich auch etwas Wahres dran.

Das Phänomen der Partei »Diener des Volkes« allerdings lässt sich einzig und allein über ihre Wahrnehmung als Projekt des Filmhelden Holoborodko und eben nicht des realen Präsidenten Selenskyj erklären. Folglich erwartete man von der Partei wahre Wunder.

Während des Präsidentschaftswahlkampfes war Selenskyj wiederholt dafür kritisiert worden, keine Mitstreiter vorweisen zu können. Die wenigen Gesichter, die in Talkshows auftauchten, konnten niemandem einen Eindruck davon vermitteln, auf wen sich das neue Staatsoberhaupt letztlich stützen wollte, um das Land umzukrempeln.

Auf dem Parteitag von »Diener des Volkes« am 9. Juni materialisierte sich endlich das eingeforderte Personal. Unter den ersten 100 Namen auf der Parteiliste fanden sich viele Unbekannte. Die Präsidentenpartei erklärte dies mit Verweis auf ihr Projekt »Lift« (in der Bedeutung »sozialer Aufstieg«).

Auf den Top Ten der Listenplätze standen die, die Selenskyj bei den Präsidentschaftswahlen zum Erfolg begleitet hatten, unter anderem Parteichef Dmytro Rasumkow, Parteistabschef Oleksandr Kornijenko, der Repräsentant des Präsidenten im Parlament Ruslan Stefantschuk, der Generaldirektor des Senders *1+1* Oleksandr Tkatschenko, die Juristin Iryna Wenediktowa und, wie zu erwarten war, der Digitalexperte des Wahlkampfteams Mychajlo Fedorow.

Er würde, so versprach Parteichef Rasumkow, die Liste im Laufe des Monats weiter und detaillierter ausarbeiten und festlegen, wer in den Wahlkreisen für »Diener des Volkes« zur Direktwahl würde antreten dürfen. Der Unterton: Sollte irgendjemand, was Gott verhüten möge, es wagen, Ehrenhaftigkeit und beste Absichten dieses seines Vorhabens in Abrede zu stellen, so würde er sich unverzüglich aus dem Team zurückziehen. Niemand hegte den geringsten Zweifel daran, dass es genauso auch kommen würde. Eine neue Partei macht nun mal Fehler bei der Wahl ihres Personals, davor ist niemand gefeit. Die Frage war nur, inwiefern diese Fehler künftig dem Land oder auch seinem Oberhaupt Wolodymyr Selenskyj persönlich schaden würden.

Was da im Mai und Juni im Team des frisch gewählten Präsidenten vor sich ging, glich den Vorbereitungen auf eine Ozeanüberquerung. Frohgemut schreiten die Passagiere über die Gangway auf ihren Dampfer mit dem Namen »Macht«, dazu erklingt Feel-Good-Musik, alle sind festlich gestimmt und voller Erwartung. Und niemand zieht dabei in Betracht, dass auch ihr Luxusliner zu einer politischen Titanic werden könnte – wie es in der ukrainischen Politik schon so oft der Fall war. Leonid Kutschma, Wiktor Juschtschenko, Wiktor Janukowytsch und Petro Poroschenko, sie alle hatten ihre eigenen Präsidentenparteien, die mittlerweile allesamt in der Versenkung verschwunden sind. Hatte Wolodymyr Selenskyj dies auf dem Schirm? Zweifellos. Seither haben wir drei Jahre lang dabei zusehen können, wie »Diener des Volkes« in der Tat zur Titanic mutierte, deren Untergang wohl nur durch den von Russland entfesselten Krieg 2022 verhindert wurde.

Man muss dabei im Hinterkopf haben, dass Ukrainer und Ukrainerinnen gern an Mythen glauben – mal an das legendäre Gold des Hetmans Polubotka, das angeblich irgendwo in Großbritannien auf der Bank liegt und eines Tages sagenhafte Zinsen abwerfen wird, mal an den Messianismus Wiktor Juschtschenkos, mal daran, dass Selenskyj und seine Partei alle ihre Probleme wegzaubern würden. Wie im Film. Die Leute vergaßen, dass es bei »Diener des Volkes« nicht um Serienheld Holoborodko und sein Fahrrad ging. Bei »Diener des Volkes« ging es vielmehr um sie selbst und die Zukunft ihrer Kinder. Sie vertrauten

Selenskyj und seinen Mitstreitern und Mitstreiterinnen. Ob diese Entscheidung richtig war, wird sich erst nach dem Ende des Krieges mit Russland sagen lassen, denn Wolodymyr und seine »Diener des Volkes« müssen nunmehr nicht nur Wahlkampfversprechen einlösen, sondern auch im Kampf um die ukrainische Unabhängigkeit bestehen.

Episode 6

DER PRÄSIDENT UND DER
WILD GEWORDENE DRUCKER

Nachdem das Verfassungsgericht die Rechtmäßigkeit der Parlamentsauflösung durch Präsident Selenskyj bestätigt hatte, setzte dieser seine ganze Hoffnung in die für den 21. Juli 2019 angesetzten vorgezogenen Neuwahlen zur Werchowna Rada. Der Präsident und sein Team planten, wenn schon nicht gleich die absolute Mehrheit, so doch zumindest ein Drittel der Sitze im höchsten Legislativorgan des Landes zu erringen.

Das Wahlergebnis übertraf dann sogar die kühnsten Erwartungen: »Diener des Volkes« erhielt 43,16 % der Stimmen. Weitere 130 Kandidaten und Kandidatinnen der Partei holten mit Stimmenmehrheit die nach dem Mehrheitswahlrecht vergebenen Direktmandate in ihren Wahlkreisen. Im Ergebnis hatten die »Diener« somit 254 Mandate in der 450 Sitze zählenden Rada inne. Zum ersten Mal in der Geschichte des unabhängigen ukrainischen Staats kontrollierte eine Partei die Mehrheit im Parlament.

Auf den Fluren der Macht wurde gespottet, die 254 neuen Abgeordneten seien allesamt mit nur einem Ausweis in der Tasche zum Dienst in der Rada erschienen – dem von Wolodymyr Selenskyj. Das trifft es ganz gut. Allein dem Präsidenten war es zu verdanken, dass Hochzeitsfotografen, Showsternchen, Arbeitslose, Restaurantbesitzer und andere Personen mit höchst durchschnittlicher Qualifikation und mäßigen Vorkenntnissen einen Sitz im Parlament erhielten. Menschen, die ohne Selenskyj nie den Weg in die ukrainische Politik gefunden hätten.

Der Präsident verbarg den Stolz auf seinen politischen Erfolg nicht. Als die Werchowna Rada am 29. August ihre Arbeit aufnahm, dauerte es nur zwölf Stunden, und die Führung des Landes war komplett ausgewechselt, von den Ministern bis zum Generalstaatsanwalt. Ohne Konsultationen, ohne Gespräche mit Vertretern und Vertreterinnen anderer Parteien, ohne Proteste.

Personelle Überraschungen gab es keine. Selenskyjs Jugendfreund und ehemaliger Kwartal-Chef Iwan Bakanow trat an die Spitze des Inlandsgeheimdienstes SBU. Ministerpräsident wurde Oleksij Hontscharuk, der in den drei Monaten vor der Wahl als Stellvertretender Leiter des Büros des Präsidenten der Ukraine fungiert hatte. Einer seiner Kollegen, Ruslan Rjaboschapka, wurde Generalstaatsanwalt, das Außenministerium übernahm Wadym Prystajko.

Das Durchschnittsalter derer, die da am 29. August die höchsten Staatsämter erlangten, lag zwischen 30 und 40 Jahren. Für die ukrainische Politik waren es frische Gesichter, mit Ausnahme des Innenministers, Arsen Awakow, der auf diesem Posten schon drei Regierungen und zwei Präsidenten überstanden hatte.

Einem vereinfachten Verfahren folgend, verabschiedeten Selenskyjs Getreue im Eilschritt und ohne viel Federlesens binnen weniger Tage mehrere Dutzend Gesetzesvorschläge. Den Arbeitsmodus, in dem die »Diener des Volkes« im Parlament loslegten, nannten sie selbst das »Turboregime« oder den »wild gewordenen Drucker«, der massenhaft neue Gesetze auswirft. Anderen am politischen Prozess Beteiligten im Land kam es allerdings eher vor, als hätten sie es mit einer Straßenwalze zu tun. Die ihnen keinerlei Raum zum Manövrieren lässt. Deren Fahrer einen wahren Höllenritt hinlegt. Die ohne Kommentar alles platt walzt. Die Walze läuft auf Hochtouren. Alle anderen haben frei.

Noch während des Präsidentschaftswahlkampfs hatten Selenskyjs Gegner häufig die vermeintlich unvermeidliche Notwendigkeit unterstrichen, die Ukraine zu einer parlamentarischen Republik umzugestalten. Dem Staatsoberhaupt, betonten sie, solle nur eine protokollarische Rolle zukommen. Nicht mehr. Nach dem Erdrutschsieg der »Diener des Volkes« bei den Parlamentswahlen hatte dieses Thema sich gründlich erledigt.

De facto war ab dem 29. August die gesamte Staatsmacht in der Ukraine in die Hände einer einzigen Person übergegangen – in die Wolodymyr Selenskyjs. Die Werchowna Rada wurde quasi zu einer Unterabteilung des Büros des Präsidenten der Ukraine. Den »wild gewordenen Drucker« warfen vornehmlich zwei von Wolodymyrs Getreuen an, Parlamentssprecher Dmytro Rasumkow und sein erster Stellvertreter Ruslan Stefantschuk, ehemaliger Star der Comedy-Truppe »Die drei Fettwanste« aus Chmelnyzkyj. Da die »Diener« allen Ausschüssen vorstanden und zudem die Kontrolle über die Geschäftsordnung und sämtliche Verfahrensfragen bezüglich der Gesetzesvorlagen ausübten, die das Plenum zur Abstimmung erreichten, sahen sich alle übrigen Parlamentsangehörigen zu Statisten degradiert.

Es schien ganz so, als könne nichts Selenskyj und seine Mitstreiter davon abhalten, in der Ukraine schnell die bitter nötigen Reformen umzusetzen.

Aber es sollte nicht lange dauern, bis der fehlende parlamentarische Wettbewerb, die Monopolstellung einer einzigen Partei und die Tatsache, dass weitreichende Entscheidungen am Parlament vorbei getroffen und von diesem quasi nur noch pro forma abgenickt wurden, der Position der Legislative im politischen System der Ukraine zu schaden begannen.

Zudem sollten die Abgeordneten der »Diener« mehr und mehr zum Gegenstand von Spott und Häme werden.

Maksym Buschanskyj sollte eine Journalistin in aller Öffentlichkeit »dummes Schaf« nennen.

Mychajlo Raduzkyj sollte die Anwärterin auf den Posten der Gesundheitsministerin, Sorjana Skalezka, in einem offiziellen Schreiben als »ganz meine Frau« bezeichnen und die Meinung äußern, andere Kandidaten auf diesen Posten sollten sich bitte schön »verp...ssen«.

Bohdan Jaremenko sollte es sich einfallen lassen, intime Angelegenheiten mit Damen des horizontalen Gewerbes mitten im Sitzungssaal des Parlaments zu klären.

Serhij Brahar sollte einem Rentner vorschlagen, doch seine Hunde zu verkaufen, um für die Nebenkosten seiner Wohnung aufkommen zu können.

Halyna Tretjakowa sollte ukrainische Kinder in »wertvolle« und »wertlose« einteilen.

Dawyd Arachamija und Oleksandr Kornijenko sollten über ihre eigenen Parteikolleginnen unter den Stichwörtern »Arbeitsweib« und »Schiffsmastkiefer« nachsinnen – im Sinne von »kann man überall hinstellen und macht ihren Job«.

Mykola Tyschtschenkos Restaurant »Velours« im Zentrum von Kyjiw sollte in aller Seelenruhe während der Ausgangssperren der Coronapandemie durchgängig Gäste bewirten.

Oleksandr Dubinskyj sollte angeben, seine Mutter »sei eben gern schnell unterwegs«, um die in seiner Steuererklärung aufgeführten 17 Autos zu rechtfertigen.

Ruslan Stefantschuk sollte eine Erstattung seiner Unterkunftskosten in der Hauptstadt in Höhe von 20 000 Hrywnja im Monat kassieren, derweil aber in der Wohnung seiner Schwiegereltern hausen.

Jurij Korjawtschenkow (alias »Jusik«) sollte verkünden, Oleksandra Klitina habe ihr Amt als Stellvertretende Infrastrukturministerin im Bett erhalten.

Oleksandr Truchin sollte in betrunkenem Zustand einen Unfall auf der Autobahn verursachen.

Zudem sollten elf Abgeordnete von »Diener des Volkes« verdächtigt werden, Bestechungsgelder in Höhe von insgesamt 30 000 Dollar entgegengenommen zu haben.

Und MP Oleksandr Jurtschenko sollte angeklagt werden, weil er 300 000 Dollar für die Mitwirkung an einer Gesetzesvorlage einzustreichen gedachte.

All dies kommt später. Als der Hype als Strategie aus der Informationspolitik der Präsidentenpartei schon nicht mehr wegzudenken war.

Episode 7

DAS IMPEACHMENT VON DONALD TRUMP

Der Schauspieler Wolodymyr Selenskyj hat immer schon von Hollywood geträumt. Und natürlich von einem Oscar.

Man erinnere sich doch nur daran, wie lange er Tom Cruise in die Augen sah, als dieser in Kyjiw war, und wie er die Hand von Cruise in seinem Arbeitszimmer in der Bankowa gar nicht mehr hatte loslassen wollen!

Aber wohl nicht einmal in seinen wildesten Hollywoodfantasien wäre Selenskyj darauf gekommen, dass er einmal im Zentrum eines Skandals stehen würde, der das Amtsenthebungsverfahren des 45. US-Präsidenten auslösen sollte.

Am 25. Juli 2019 erhielt Wolodymyr Selenskyj einen Anruf von Donald Trump.

Es war nicht ihr erstes Gespräch. Am 21. April, dem Tag von Wolodymyrs Sieg bei der Präsidentschaftswahl, hatte Donald ihm persönlich gratuliert. Diesmal aber bat ihn der Präsident der Vereinigten Staaten, Joe Biden, genauer gesagt dessen Sohn Hunter, einmal gründlich unter die Lupe zu nehmen.

»Es gibt ja jetzt so viel Gerede über den Sohn von Biden, dass Biden die Anklage gestoppt hat, und viele Leute wollen Näheres wissen, also was auch immer Sie mit dem Generalstaatsanwalt dazu tun können, wäre großartig. Biden ist herumgerannt und hat geprahlt, dass er die Anklage gestoppt hat, wenn Sie das also prüfen könnten … Für mich klingt das ganz furchtbar«, so klagte Donald Trump Selenskyj sein Leid.

Dieser versprach ihm, sich um die Angelegenheit zu kümmern, wobei er betonte, in Kürze einen Generalstaatsanwalt an seiner Seite zu haben, der zu 100 % sein Mann, sein Kandidat sei, und hinzufügte: »Was die Botschafterin der Vereinigten Staaten in der Ukraine angeht, Iwanowytsch heißt sie, wenn ich mich recht erinnere [gemeint war Marie Yovanovitch, von 2016 bis 2019 US-Botschafterin in der Ukraine – A. d. A.] ... Es war gut, dass Sie mir als Erster gesagt haben, dass sie eine schlechte Botschafterin ist, denn ich stimme Ihnen da zu 100 % zu. Ihre Einstellung mir gegenüber war alles andere als die beste, sie bewunderte den vorigen Präsidenten und war auf seiner Seite. Sie hat mich als neuen Präsidenten nicht wirklich akzeptiert«, jammerte Wolodymyr.

Der erste Generalstaatsanwalt von Selenskyjs Präsidentschaft war Ruslan Rjaboschapka. Der hatte allerdings nie das Gefühl, »zu 100 %« Wolodymyrs Wunschkandidat auf diesem Posten gewesen zu sein: »Für mich hat sich das überhaupt nicht so angefühlt. Ich habe ehrlicherweise auch gar nicht über so etwas nachgedacht. Ich empfand eine gewisse Angst, weil mir klar war, dass eine ungewöhnlich schwere und komplizierte Arbeit vor mir lag, mit unzähligen Herausforderungen und Risiken. Das Telefonat zwischen Selenskyj und Trump hatte ich dabei nicht im Sinn. Ich dachte an die Risiken und Herausforderungen, die dieses Amt als solches mit sich bringt. Es ist ja auch bekannt, dass ich es mehr als nur einmal abgelehnt habe, weil es eines der höchsten Staatsämter ist. Mir war klar, wenn ich es annehme, dann kommen enorme persönliche Opfer auf mich zu, und ein irgendwie geordnetes Privatleben wird es für mich nicht mehr geben. Letztlich war es sogar genau andersherum. Nicht Selenskyj hat mir gesagt, was er von mir erwartet, sondern ich habe ihm gesagt, was ich aus meiner Position heraus für ihn bewirken kann. Und unser Thema Nummer eins waren auch nicht irgendwelche Anschuldigungen oder Verfahren gegen Poroschenko oder wen auch immer, sondern die Reform des Justizwesens. Darüber haben wir gesprochen. Und das habe ich auch als meine Hauptaufgabe angesehen«, erinnert sich Rjaboschapka.

Weder Trump noch Selenskyj hätten wohl erwartet, dass der Inhalt ihres Gesprächs in den USA einen Skandal auslösen würde, der sich gewaschen hatte.

Am 20. September berichtete die *Washington Post* unter Berufung auf eigene Quellen, ein Angehöriger des US-Geheimdienstes habe bei seinen Vorgesetzten eine formelle Beschwerde eingereicht, so wurde es in dem Artikel dargestellt, bezüglich des Inhaltes eines Telefonats von Trump mit einem ungenannten ausländischen Staatsoberhaupt. Der US-Kongress reagierte sofort, kündigte einen Untersuchungsausschuss gegen den Herrn des Weißen Hauses an und verlangte die Herausgabe der Mitschrift des besagten Telefongesprächs. Als der beteiligte ausländische Staatschef entpuppte sich Wolodymyr Selenskyj.

Die amerikanische Presse insistierte auf der Behauptung, der Präsident habe Druck auf seinen ukrainischen Kollegen ausgeübt, um in den USA die Ermittlungen gegen Biden Jr. zu beschleunigen, der einen Sitz im Aufsichtsrat des ukrainischen Gaskonzerns Burisma innehatte. Firmeneigner war Mykola Slotschewskyj, einst Umweltminister unter Wiktor Janukowytsch.

Die ukrainische Generalstaatsanwaltschaft hatte den Ex-Minister der illegalen Bereicherung beschuldigt. Tatsächlich aber waren nur wenig später alle Verfahren im Zusammenhang mit Burisma eingestellt worden, die Firma zahlte ihre Steuerschulden nach, Generalstaatsanwalt Wiktor Schokin musste seinen Hut nehmen (laut Trumps Anwalt Rudy Giuliani deswegen, weil er gegen Burisma vorgegangen war), und damit galt auch der Fall Biden Jr. in der Ukraine als erledigt.

Als der Skandal Fahrt aufzunehmen begann, insistierte Selenskyj, dessen Name gar nicht mehr von den Titelseiten der amerikanischen Zeitungen verschwinden wollte, Trump habe ihn nicht unter Druck gesetzt. Nach dem Motto, er sei Oberhaupt eines unabhängigen Staates, wer sollte da wagen, ihm die Daumenschrauben anzulegen?

In den Vereinigten Staaten sah man das jedoch anders, und im Dezember 2019 wurde Donald Trump zum dritten Präsidenten in der Geschichte der USA, gegen den ein Amtsenthebungsverfahren eingeleitet wurde. Man warf ihm Machtmissbrauch und Behinderung der Justiz vor und stützte sich dabei auf das Telefonat mit Wolodymyr Selenskyj. Doch am 5. Februar sprach der Senat Trump in beiden Anklagepunkten frei.

Die Sache mit Joe Bidens Sohn erinnert stark an die Story um Paul Manafort, als die Ukraine schon einmal die amerikanische Presse in Atem gehalten hatte. 2016, auf dem Höhepunkt des US-Präsidentschaftswahlkampfs, wurden in Kyjiw Auszüge aus dem sogenannten Haushaltsbuch der »Partei der Regionen« veröffentlicht. Manafort, zu diesem Zeitpunkt Trumps Wahlkampfmanager, tauchte darin als Empfänger von Bargeldzahlungen der Janukowytsch-Entourage auf. Im Endeffekt trat Manafort zurück und wurde mit weiteren Angeklagten in den USA zu einer Freiheitsstrafe von siebeneinhalb Jahren verurteilt. Trump wertete die Veröffentlichung als Intrigenspiel Kyjiws gegen seine Person, und Petro Poroschenko hatte lange danach noch alle Hände voll zu tun, um die Beziehungen zum Weißen Haus wieder zu normalisieren.

Das versuchte Impeachment Präsident Trumps gäbe einen großartigen Plot für einen Hollywoodfilm ab, in dem der Schauspieler Selenskyj gleich die Rolle des Präsidenten Selenskyj spielen könnte. Ironie des Schicksals, dass Joe Biden, gegen den Trump die Messer wetzen wollte, sich als einer der Menschen herausstellte, die Selenskyj und der Ukraine aktiv beisprangen, als Russland das Land überfiel. Wäre Wolodymyr im Sommer

2019 auf Trumps Ansinnen eingegangen und hätte die Ermittlungen gegen Biden Jr. wieder aufleben lassen, wer weiß, wie sich die Beziehung zwischen Selenskyj und Biden Sr. entwickelt und wie viel Unterstützung die Ukraine von den USA während der russischen Aggression erfahren hätte.

Episode 8

VIZEPRÄSIDENT BOHDAN

Spaßvogel, Lebenskünstler, Genießer, Polittroll und der Schrecken aller geschriebenen und ungeschriebenen Regeln – Andrij Bohdan war einer der schillerndsten Charaktere in Selenskyjs Umfeld, und er wird es wohl auch bleiben. Geht es um Dreistigkeit oder darum, wie man unter Beweis stellt, dass sich die Welt im Grunde nur um einen selbst dreht, so kann es kaum einer mit ihm aufnehmen.

Um den Teslabesitzer und Fan von luxuriösen Jachturlauben im Ausland ranken sich viele Legenden: wie er dem Geheimdienstchef Iwan Bakanow einen Zahn ausschlug, wie er sämtliche von Selenskyj aufgestellten Regeln ignoriert und sich rigoros den Zugang zum Kernteam um den ersten Mann im Staate erkämpft haben soll und auch um seinen angeblichen Knall-auf-Fall-Rücktritt im Juli 2019.

Bohdan selbst brüstet sich gern damit, er sei es gewesen, der Selenskyj zu seiner Präsidentschaftskandidatur überredet habe. Er war zuvor als Berater Ihor Kolomojskyjs tätig gewesen, als der noch die Oblast-Verwaltung von Dnipro leitete [Oblaste werden die 25 Verwaltungseinheiten der Ukraine genannt – A. d. Ü.]. Schon in dieser Funktion hatte Andrij dem Artdirector und Schauspieler angetragen, doch bei den Vorwahlen im Wahlkreis anzutreten. Man schrieb das Jahr 2015, das Mandat holte Borys Filatow (der es später gegen den Bürgermeistersessel eintauschte). Selenskyj hatte damals abgelehnt.

Andrij, der an der Staatlichen Universität in Lwiw Jura studiert hatte (an deren Institut für Zivil- und Verfahrensrecht sein

Vater Josip als Professor tätig war), hatte davor bereits einen Posten bei der Westukrainischen Eisenbahn bekleidet. Als sein direkter Vorgesetzter Verkehrsminister wurde, zog auch Andrij nach Kyjiw. Er arbeitete als Anwalt, wurde Stellvertretender Justizminister, ehrenamtlicher Berater des Parlamentsabgeordneten Andrij Portnow und Regierungskommissar für Fragen der Antikorruptionspolitik. Zweimal kandidierte Andrij für die Werchowna Rada, im Jahr 2007 für »Unsere Ukraine – Nationale Selbstverteidigung« und 2014 für den »Block Petro Poroschenko«. Ein Mandat errang er nie. Beim ersten Mal wurde sein Listenplatz nicht genehmigt. Beim zweiten Mal kam ihm eine im Februar 2016 beschlossene Gesetzesänderung in die Quere, die es Parteien erlaubte, Kandidaten nachträglich von ihren Kandidatenlisten zu streichen, wodurch Bohdans Nachrücken in die Rada unmöglich wurde.

Nach den Worten des ehemaligen Parlamentsabgeordneten Serhij Leschtschenko vom »Block Petro Poroschenko« wurde nämlicher Gesetzeszusatz vornehmlich deswegen erlassen, um Andrij Bohdan, der damals Anwalt des Oligarchen Hennadij Korban war, in der Rada zu verhindern – weswegen man im Volksmund auch vom »Bohdan-Gesetz« sprach.

2017, so erinnert sich Bohdan, hielt er sich im Vatikan auf und postete scherzhaft in den sozialen Netzwerken: »Habe mich mit dem Papst unterhalten. Er meinte zu mir, Wolodymyr Selenskyj wird Präsident.« »Das war natürlich ein Scherz«, erzählte der ehemalige Leiter des Präsidentenbüros dem Journalisten Dmytro Hordon am 9. September 2020. »Aber ich hatte die Umfragen im Blick. Die Meinungsforscher sprachen durch die Bank davon, dass die Gesellschaft sich nach neuen Gesichtern sehne.«

Ein Jahr vor der Präsidentschaftswahl traf sich Bohdan mit Selenskyj und schlug ihm vor, für den Posten des Staatsoberhaupts anzutreten. Bohdan arbeitete da bereits seit geraumer

Zeit für Ihor Kolomojskyj und seine Privat-Gruppe. Bohdan war der eigentliche Link zwischen Kolomojskyj und Selenskyj. Bohdan war es auch, der Selenskyj mehrfach auf Reisen nach Genf oder Tel Aviv begleitete, wo der ukrainische Oligarch seine Wohnsitze hatte.

Wie auch immer es im Einzelnen gewesen sein mag, ab 2018 trat Bohdan als einer der Selenskyj-Vertrauten in Erscheinung. In der ukrainischen Politik kannte er sich mit einigen anderen in diesem Kreis um Längen besser aus als der Kandidat selbst. Der persönliche Anwalt des Oligarchen Kolomojskyj und des Geschäftsmanns Hennadij Korban war viele Jahre im Machtapparat tätig gewesen und verstand sich auf dessen Intrigen. Artdirector Selenskyj als politischer Neuling konnte Bohdans Erfahrung nur allzu gut gebrauchen.

Es waren vermutlich persönliche Gründe, die Andrij Bohdan dazu bewogen, nun in Selenskyjs Mannschaft mitzuspielen. Er wollte Petro Poroschenko beweisen, dass dieser die diversen Strafverfahren gegen ihn vergeblich angestrengt hatte und auch die Streichung von der Wahlliste letztlich umsonst gewesen war. Allerdings behauptet Bohdan inzwischen, keinen Groll mehr gegen Poroschenko zu hegen, und spricht selbstironisch über seine verpassten Parlamentsmandate. Übrigens entschied ein Gericht im Oktober 2019 zugunsten von Bohdan und beurteilte die Entscheidung, ihn von der Kandidatenliste des »Block Petro Poroschenko« auszuschließen, als nicht rechtmäßig. Andrij und Petro kannten einander übrigens schon seit 2004, als Andrij während Wiktor Juschtschenkos Präsidentschaftskampagne in der Rechtsabteilung der Partei »Unsere Ukraine« arbeitete.

Ähnlich wie Selenskyj suchte Bohdan während des Wahlkampfs nicht übermäßig die Öffentlichkeit. Er trat einige Male im Fernsehen auf, aber mehr war da nicht. Bei der Debatte im Olympiastadion allerdings war es Andrij, der neben Selenskyj stand und ihm etwas ins Ohr flüsterte. Dieses Bild genügte – das ist der Mann, der Wolodymyr zu allen Zeiten alles einflüstern kann –, und es sollte Bohdan lange anhaften. Natürlich verbuchte er Selenskyjs Wahlsieg als seinen eigenen.

Ich hatte etwas Ähnliches nach dem triumphalen Wahlsieg von Leonid Kutschma im Juli 1994 beobachten können. Da war es Dmytro Tabatschnyk, angehender Präsidialamtsleiter, der sich in dieser Weise aufplusterte. Wie Bohdan erlaubte auch er sich zu viel, schaltete sich in Gespräche des Präsidenten ein, flüsterte Kutschma Dinge ins Ohr und ließ auch sonst keine Gelegenheit aus zu zeigen, dass er, wenn schon nicht der erste, so doch sicherlich der zweite Mann im Staat geworden war. Stolz und Hochmut führten schließlich zu Tabatschnyks Rücktritt vom Chefposten im Präsidialamt. Bohdan sollte denselben Weg beschreiten.

Im ersten halben Jahr seiner Präsidentschaft war Bohdan für Selenskyj schlicht unverzichtbar. Um ihn bei sich haben zu können, benannte Selenskyj sogar das Präsidialamt in »Büro des Präsidenten der Ukraine« um. Bohdan, der als Mitglied der politischen Führung unter Janukowytsch dem Lustrationsgesetz unterlag, das im Oktober 2014 verabschiedet worden war, um politisch belastete Mitarbeiter aus dem Staatsdienst zu entfernen, hätte den Posten eigentlich nicht bekleiden dürfen. Durch die Umbenennung der Behörde konnte er dennoch Chef von Selenskyjs Teams werden. Andrij war Wolodymyrs Gefährte auf sämtlichen Reisen, wo immer sie hinführten, seien es Arbeitsbesuche oder Privatreisen. Er war an Selenskyjs Seite in Betrieben und Stadien, auf Plätzen und bei Konzerten, überall.

Er schoss ein Selfie von sich und Wolodymyr bei den Niagarafällen und, ganz wichtig, auch in Badehose am Langeron-Strand von Odessa. Er soufflierte dem Präsidenten die Antworten auch auf die kompliziertesten Fragen und stand anderen Amtsträgern stets mit gutem Rat zur Seite. Bohdans Allmacht und Präsenz schienen in Stein gemeißelt. Der Chef des Büros des Präsidenten schien selbst auch davon auszugehen, denn er nahm sich sogar in der Öffentlichkeit immer mehr heraus. Im Sommer 2019 wurde aus dem Büro des Präsidenten eine vermeintliche, von Bohdan eigenhändig verfasste Rücktrittserklärung Selenskyjs an die Medien durchgestochen. Hunderte Medienvertreter und -vertreterinnen berichteten über diesen Aufreger, indem sie sich auf Quellen in Regierungskreisen beriefen. Bis sich dann herausstellte, dass Bohdan die Journalistenschaft, die er sowieso nur »Journaille« zu nennen pflegte, an der Nase herumgeführt hatte. Bohdan verstieg sich dann auch noch zu der öffentlichen Ansage, für seinen Austausch mit der ukrainischen Gesellschaft benötige der Präsident gar keine Journalistinnen und Journalisten.

Der Chef des Präsidentenbüros lag zudem mit Kyjiws Bürgermeister Witalij Klytschko im Clinch, dann waren da noch die an die sozialen Netzwerke »geleakten« Telefonate mit dem damaligen Direktor des Staatlichen Ermittlungsbüros Roman Truba, gelinde gesagt frivole Posts auf Bohdans Facebook-Seite und viele weitere Entgleisungen, die alle vor den Kopf stießen.

Bereits im Herbst 2019 tauschte man sich auf den Fluren der Macht darüber aus, wie wohl Bohdans Einfluss einzudämmen und der Einfluss des anderen Andrij in Selenskyjs innerem Kreis dagegen zu stärken wäre – gemeint war Andrij Jermak. Der Chef des Büros des Präsidenten begriff, dass man ihn aus seinem Amtssitz in der Bankowa verdrängen wollte, doch er setzte stoisch alle Hoffnung darauf, dass es so weit nicht kommen würde. Im Dezember 2019 bot Selenskyj ihm den Posten des Generalstaatsanwalts an, doch Bohdan lehnte ab. »Unsere internen Missverständnisse nahmen zu diesem Zeitpunkt überhand«, so erinnert sich Andrij an die Lage, »und er gab mir zu verstehen, er würde mir nicht im Wege stehen, wenn ich mir einen anderen

Job suchte.« Ab Januar 2020 zeichnete sich dann auch immer deutlicher ab, dass Andrij Jermak seine Position an der Seite des Präsidenten ausbauen konnte. Beispielsweise war er es, der gemeinsam mit Selenskyj nach Oman reiste, nicht Bohdan. Jermak kümmerte sich um die Verhandlungen mit Teheran nach dem Abschuss der ukrainischen Passagiermaschine. Und auch den Gesprächskontakt zu Moskau hielt Jermak, nicht Bohdan.

Am 11. Februar 2020 entband Präsident Selenskyj Andrij Bohdan offiziell von seinen Aufgaben. Tags zuvor hatten die beiden sich ausgesprochen und beschlossen, in der Politik künftig getrennte Wege zu gehen. Wolodymyr hatte Andrij offenbar wissen lassen, er sei für ihn wie eine ungeliebte Ehefrau: »Mir ist schon egal, ob du jetzt irgendwas richtig oder falsch machst, was du auch machst, mich macht es aggressiv«, so wird Selenskyj vom ehemaligen Leiter des Präsidentenbüros zitiert. Vier Monate später sagte Selenskyj, Bohdan, als der faktisch zweite Mann im Staat, habe Macht an sich gerissen, wo sie ihm nicht zustand, und schlicht Reibereien und Konflikte in seinem Team verursacht. Bohdan reagierte darauf auf Facebook:

»Sehr geehrter Wolodymyr Oleksandrowytsch, ich möchte Ihnen gern auf Ihr Interview antworten. Es gibt einen geschäftlichen Moralkodex, der es ehrenhaften Leuten nicht erlaubt, die Zeit ihrer Zusammenarbeit im Nachhinein zu kommentieren. In der Ukraine wird diese Regel natürlich oft verletzt, und ich als Anwalt (unter anderem der Ihrige) kann Ihnen Hunderte Geschichten davon erzählen, welches Ende so etwas nimmt (niemals ein gutes). Ich hatte Einblick in sowohl für Sie wie auch für das Land sensible Informationen, aber auf mich können Sie sich verlassen, ich bin und bleibe ein ehrenhafter Mann.

Was meine Entmachtung und meinen Rauswurf angeht, so bin ich Ihnen dankbar, weil mein Name so nicht mit dem Chaos verknüpft sein wird, in das Sie das Land getrieben haben. Erlauben Sie mir, Sie an eine unserer internen Übereinkünfte zu erinnern: Ich würde treu an Ihrer Seite stehen und ehrlich meine Arbeit machen, bis Sie mich irgendwann ziehen lassen. Denn mir ging es nie um den Posten, sondern um die Verwirklichung eines Traums. Ich habe in dem halben Jahr viel geschafft. Sie, Ihr Team und ich, wir haben gemeinsam in diesem Land auf demokratische Weise die absolute Macht errungen, Sie haben sie binnen vier Monaten in eine Lachnummer verwandelt.

Ich bedaure aufrichtig, dass Sie unseren Traum von einem Land ohne Korruption und voller glücklicher Menschen aufgegeben haben, um sich selbst in einer warmen Badewanne zu suhlen und jeder billigen Laune von unprofessionellen und selbstverliebten Leuten nachzugeben, von denen Sie sich manipulieren lassen.

Hochachtungsvoll
Andrij Bohdan.«

In seinem Post hatte Bohdan Selenskyj glasklar zu verstehen gegeben, dass mit ihm nicht zu spaßen war. Weil der frühere Spaßvogel im innersten Zirkel der Macht über, wie er es selbst ausdrückte, »sensible Informationen« verfügte. Und was einst Posse und Verwirrspiel zu sein schien, kann sich morgen schon als Tragödie entpuppen.

Am 11. August 2020 wurde in Kyjiw Andrij Bohdans geliebter Tesla angezündet. In einem anderen Stadtviertel ging ein Škoda in Flammen auf, dessen Fahrer mit verbrannte. Für Andrij Bohdan konnte das kein Zufall sein. In seinem viereinhalbstündigen Interview mit Dmytro Hordon am 9. September kam er darauf zu sprechen. Er redete lange über sich, über Selenskyj und die aktuelle Entourage des Präsidenten. Auf Bohdans Ausführungen hin begann das Staatliche Ermittlungsbüro – eine ukrainische Strafverfolgungsbehörde, die unter anderem bei mutmaßlichen Vergehen von Richtern und hochrangigen Beamten ermittelt –, sich um mögliche Russlandkontakte hoher ukrainischer Würdenträger zu kümmern.

»Ich habe Selenskyj als meinen Freund betrachtet, aber damit ist es vorbei. Er muss aufwachen, ein Präsident ist kein schlafendes Dornröschen. Er muss sich reinknien und verstehen, was hier Sache ist. Fragen von Gut und Böse sind nicht dasselbe wie Daumen hoch oder Daumen runter«, so Bohdan gegenüber Dmytro Hordon. Weiterhin ließ er sich auch eingehend über Selenskyjs recht bescheidene Kenntnisse bezüglich des ukrainischen Staatsaufbaus aus.

Roman Bessmertnyj, mit Andrij Bohdan schon seit ihrer gemeinsamen Zeit bei »Unsere Ukraine« bekannt, ist da allerdings der Ansicht, der vormalige Leiter des Präsidentenbüros habe seinem Präsidenten in dieser Hinsicht nicht viel vorausgehabt. Roman erinnert sich an ein Treffen mit Bohdan im Sommer 2019, als er gebeten worden war, die Ukraine bei den Gesprächen der trilateralen Kontaktgruppe in Minsk mit zu repräsentieren: »Ja, ich kannte ihn von ›Unsere Ukraine‹, aber Straßenwahlkampf und Präsidentenbüro, das sind dann doch zwei verschiedene Paar Schuhe. Der Leiter des Büros des Präsidenten der Ukraine ist faktisch der zweite Mann im Staat. Als unser Gespräch vorbei war, rief ich einen engen Freund von Bohdan an und sagte ihm, Bohdan müsse weg aus dem Büro des Präsidenten. Mir war zumute, als hätte ich Gift getrunken, als würde ich gerade durch den Fleischwolf gedreht, allerdings in dem Wissen, dass ich das überstehe, weil ich gesund genug dazu bin. Ich dachte auch über die Ukraine nach. Was stellen diese Leute da an mit der Ukraine, wo sie doch keinen blassen Schimmer haben, wie unser Staat eigentlich funktioniert? Und Bohdan soll sich über seinen Rauswurf jetzt bloß nicht so echauffieren. Den hat nicht Selenskyj, den hat Gott persönlich vor dem Knast bewahrt, der ihm schon sicher war. Diese Briefe, von denen heute keiner mehr redet, die er dem Ministerpräsidenten und den Ministern geschrieben hat, wofür und in welcher Höhe Subventionen zu verteilen seien, von denen hat Selenskyj vermutlich nichts gewusst. Irgendwann wird auch das herauskommen, aber der eklatante Machtmissbrauch wird dann vergessen sein«, so ist Bessmertnyj überzeugt.

Aus der verbalen Auseinandersetzung, die Selenskyj und Bohdan vor aller Welt und in aller Heftigkeit bis zuletzt miteinander geführt haben, geht eines deutlich hervor: Die Macht hat nicht nur Andrij, sondern auch Wolodymyr verändert. Im Laufe seiner Präsidentschaft wurde Letzterer vertrauter mit seinem Amt und sammelte politische Erfahrungen. Selenskyj reifte. Bohdan aber blieb, was er schon immer war. Doch was auch nicht verschwiegen werden darf: Ungeachtet all des Hohns und Spotts, den die beiden öffentlich übereinander ausgegossen haben, haben sowohl Selenskyj als auch Bohdan bei Kriegsbeginn im Februar 2022 für die Verteidigung der Ukraine ihren Mann gestanden. Der eine als Oberbefehlshaber der ukrainischen Streitkräfte, der andere als Kämpfer bei der aus Freiwilligen bestehenden Territorialverteidigung. Andrij sagt, er habe versucht, Wolodymyr zu kontaktieren, doch der habe seinen Anruf nicht entgegengenommen. Wo die beiden zuvor gegeneinander kämpften, kämpfen sie nun gegen einen gemeinsamen Feind – Putin.

Episode 9

DAS KOSMISCHE JAHR 1978

Am 25. Januar 1978 wurden die Eheleute Oleksandr und Rymma Selenskyj in Krywyj Rih Eltern eines Sohnes, den sie Wolodymyr nannten.

Die Stadt, in der der Kleine zur Welt kam, war eine der größten der Ukraine, obgleich sie nie den Status einer Oblast-Hauptstadt innehatte.

Groß, einflussreich und mächtig aber kam man sich dort seit jeher vor. Krywyj Rih, die Stadt, die sich über fast 100 Kilometer erstreckt, galt als eine der schmutzigsten der damaligen UdSSR. Eisenerzabbau und Stahlproduktion waren ihre Hauptindustriezweige. Die Stadt der Bergarbeiter und Stahlkocher lebte nach ihren eigenen ungeschriebenen Gesetzen, Traditionen und Regeln. Bereits Mitte der 1960er-Jahre überstieg die Einwohnerzahl eine halbe Million, darunter waren viele Zugezogene aus allen Ecken des Landes. Die große Industriestadt brauchte große Mengen an Arbeitskräften. Und diese wiederum brauchten Brot – und Spiele.

Die Stadt war kein einfaches Pflaster. Im Juni 1963 überstand sie den sogenannten Aufstand in der Sozstadt.

Alles begann am 16. Juni, als der Soldat Taranenko betrunken mit der Straßenbahn fuhr und in der Bahn rauchte. Passagiere wiesen ihn zurecht, er aber reagierte nicht. Ebenfalls im Waggon saß der Polizist Pantschenko, ihm gelang es, den Flegel zur Räson zu bringen. Der Ordnungshüter, der selbst auch schon einiges intus hatte, beschloss dann, den Soldaten zu verhaften, woraufhin der die Flucht ergriff. Kollegen des Polizisten eröffneten das Feuer. Sie verletzten den jungen Mann und seine Freundin, verhafteten Taranenko anschließend und verprügelten ihn.

Die Handlung entfaltete sich weiter wie in einem Film: Menschen versammelten sich massenhaft vor der Polizeistation des Viertels und forderten eine Bestrafung der beteiligten Polizisten. Es kam zu Massenprotesten, Straßenschlachten und vielfachem zivilem Ungehorsam gegen die Staatsmacht, die schließlich gezwungen war, Truppen einzusetzen und Panzer auffahren zu lassen, um den Aufstand niederzuschlagen, bei dem sieben Menschen starben, 200 verletzt wurden und in dessen Folge 41 Personen vor Gericht gestellt wurden, von denen einige hart bestraft wurden und auf zehn Jahre ins Hochsicherheitsgefängnis wanderten. Dies geschah im Rahmen eines Schauprozesses, für dessen Durchführung man das Kulturhaus »Kommunist« nutzte.

Alles das erwähne ich nicht ohne Grund. Es ist wichtig zu verstehen, wie aufmüpfig Krywyj Rih war und ist, die Stadt, in der der künftige ukrainische Präsident Wolodymyr Selenskyj geboren wurde und aufwuchs, dessen Großvater, ein Weltkriegsveteran, übrigens in jenen stürmischen Jahren dort bei der Polizei war.

Im Jahr 1978 war der Sowjetunion die Erkundung des Weltraums ein wichtiges Anliegen. Am 10. Januar startete die mit den Piloten Wladimir Dschanibekow und Oleg Makarow bemannte Raumkapsel »Sojus 27«, und schon am 2. März folgte ihr die »Sojus 28« mit Aleksej Gubarew und Vladimír Remek an Bord. Danach kamen noch die »Sojus 29«, »Sojus 30« und »Sojus 31«. Alles in einem Jahr. Der UdSSR war es sehr darum zu tun, ihre Vormachtstellung in der internationalen Arena zu beweisen. Der Versuch, die Kapitalisten (mit Lenin) »einzuholen und zu überholen«, wurde dabei vor dem Hintergrund des höchst bescheidenen sowjetischen Alltags unternommen, wo sich schon glücklich schätzen konnte, wem es gelang, einen Kühlschrank, eine Waschmaschine oder einen Fernseher auf Raten zu kaufen, und wo das im Geschäft ergatterte Paar Schuhe aus jugoslawischer Produktion einem Jackpot im Lotto gleichkam. Das Land, das Hunderte von Millionen für die Weltraumforschung ausgab, war zur gleichen Zeit nicht in der Lage, in seinen Dorfschulen für Heizung und Toiletten zu sorgen.

In der Ukraine unterdrückte der KGB die sogenannte Helsinki-Gruppe, die sich für die Wahrung der Menschenrechte einsetzte. Mykola Rudenko und Lewko Lukjanenko wurden ins Gefängnis gesteckt. Ebenfalls hinter Gittern saßen Myroslaw Marynowytsch, Mykola Matusewytsch und Petro Winz. Die Zensur wurde noch einmal verschärft. Wolodymyr Schtscherbyzkyj, der Erste Sekretär des Zentralkomitees der KPU, der Kommunistischen Partei der Ukraine, ging gnadenlos gegen Andersdenkende vor und tat alles, um Moskau zu gefallen. Der Parteiapparat wurde russifiziert, die Parteielite wechselte unter Schtscherbyzkyj geschlossen zur russischen Sprache, ebenso der Parteichef der ukrainischen Kommunisten selbst, der in dienstlichen Zusammenhängen fortan nur noch Russisch sprach.

Das Jahr 1978 war auch für den zukünftigen vierten Präsidenten der Ukraine, Wiktor Janukowytsch, von Bedeutung. In diesem Jahr nämlich legte der Vorsitzende des Oblast-Gerichts von Donezk, Witalij Bojko, Berufung gegen zwei Gerichtsurteile gegen Janukowytsch aus den Jahren 1967 und 1970 ein, bei denen dieser wegen Raubes und mittelschwerer Körperverletzung je zu einer Freiheitsstrafe verurteilt worden war. Das Gericht kassierte nun beide Urteile wegen Mangels an Beweisen für eine Beteiligung Janukowytschs an den in Rede stehenden Vorfällen [Janukowytsch erklärte 2002, dass man ihn zweimal für Delikte bestraft habe, an denen er nicht beteiligt gewesen sei, und dass seine Vorstrafen 1978 vom Donezker Oblast-Gericht gestrichen worden seien. Die meisten Dokumente über die Verurteilung von Janukowytsch sind heute allerdings nicht mehr auffindbar, und die Echtheit der Unterlagen, die seine Rehabilitierung im Jahr 1978 belegen sollen, wurde von seinen politischen Gegnern wiederholt angezweifelt – A. d. Ü.]. Damit wurde das Jahr 1978 de facto zum Startdatum der Karriere Wiktor Janukowytschs, der später in die KPdSU eintrat und sich durch die Partei- und Wirtschaftshierarchie bis ins Präsidentenamt hocharbeiten sollte. Es gibt auch eine andere Version der Geschichte, nach der Janukowytschs Schicksal aus dem sowjetischen Weltraum heraus entschieden wurde, nämlich durch den Kosmonauten und Helden der Sowjetunion Heorhij Berehowyj. Man munkelte sogar, er sei Janukowytschs Vater. Wie auch immer man dazu steht, irgendeine mächtige Hand sorgte dafür, dass die Prozessakten zu Janukowytsch geschlossen wurden und ihm der Weg in die Zirkel der Macht vorstrafenlos freistand.

Spulen wir 32 Jahre vor, und Wiktor Janukowytsch, rehabilitiert 1978, trifft auf Wolodymyr Selenskyj, geboren 1978. Das Treffen ereignet sich am 10. Juli 2010. Die Südküste der Krym ist buchstäblich im Ausnahmezustand, Heerscharen von Gästen strömen zur Staatsdatscha Nr. 11 »Stern« in Foros, wo Janukowytsch zu seinem 60. Geburtstag geladen hat. Wolodymyr Selenskyj und seine Comedy-Truppe von Kwartal sind unter den zur Unterhaltung der Gäste gebuchten Entertainern. Spät am Abend kehren der jetzige Präsident und seine Kollegen müde in ihre Unterkunft zurück, das Hotel Jalta – wo zur gleichen Zeit eine Delegation ukrainischer Journalisten logiert (darunter auch der Verfasser dieser Zeilen), die sich auf Einladung des damaligen Bürgermeisters Serhij Brajko in Jalta aufhält.

Vier Jahre später wird Wiktor Janukowytsch nach Russland fliehen.

Neun Jahre später wird der, der Janukowytsch und seine

Gäste an jenem Abend in Foros mit Späßen unterhielt, sechster Präsident der Ukraine werden. Das Bindeglied zwischen den beiden bleibt gleichwohl das Jahr 1978 – in dem der eine die ersten Schritte Richtung Karriere machte und der andere seine ersten Schritte überhaupt auf der Welt.

Zuletzt kreuzten sich die Wege der beiden im März 2022, der Krieg Russlands gegen die Ukraine war gerade erst losgebrochen. Wiktor, den Putin wieder auf den Kyjiwer »Zarenthron« hatte hieven wollen, wandte sich öffentlich an Wolodymyr mit dem Ratschlag, sich doch tunlichst zu ergeben. »Ich wende mich präsidentiell, aber auch ein wenig väterlich an Wolodymyr Selenskyj … Ich verstehe, dass Sie viele ›Ratgeber‹ um sich haben, aber Sie sind es, der persönlich die Verantwortung dafür trägt, dieses Blutvergießen um jeden Preis zu beenden und einen Friedensvertrag zu unterzeichnen. Das erwartet man von Ihnen in der Ukraine, im Donbas und in Russland. Das ukrainische Volk und Ihre Partner im Westen werden es Ihnen danken«, schreibt Janukowytsch. Selenskyj ignoriert diesen Appell. Das völlige Ausbleiben einer Reaktion sagt Janukowytsch vermutlich mehr, als die wortreichste Antwort es je vermocht hätte. Ebenso vielsagend ist, dass Wolodymyr im Unterschied zu Wiktor die Ukraine nicht im Stich lässt, nicht flieht, als das Land eine seiner schwersten Stunden erlebt.

Episode 10

DIE UNVERGLEICHLICHE
JULIJA MENDEL

Auf der Lwiwer Buchmesse im September 2009 kam eine junge Journalistin mit einem Mikrofon des Fernsehsenders *ICTV* in der Hand auf mich zu und bat: »Sergii, darf ich Sie kurz stören?« Sie stellte sich als Julija Mendel vor. Ich weiß beim besten Willen nicht mehr, worüber wir dann sprachen, aber höchstwahrscheinlich ging es um Bücher.

Sechs Jahre später traf ich Mendel bei *Espresso TV* wieder. Ich war Chefredakteur der Webseite geworden, sie sollte die Sendungen *Hallo aus Europa* und *Ohne Worte* betreuen. Doch unsere Zusammenarbeit währte nur kurz, denn wenige Monate später wurden Mendels Sendungen abgesetzt. Julija glaubte zu wissen, dies läge an ihrer Story über die Korruption beim Staatlichen Eisenbahnkonzern Ukrsalisnyzja.

Seit 2015 sind wir einander nicht mehr begegnet. Mendel war zunächst Korrespondentin für *112 Telekanal*, ging für den Sender *Inter* dann in die USA, schrieb als freie Mitarbeiterin für die *New York Times* und wurde Kommunikationsberaterin für die Niederlassung der Weltbank in der Ukraine.

Erst nach ihrer Ernennung zur Pressesprecherin des Präsidenten 2019 kreuzten sich unsere Wege wieder, dies aber auch nur virtuell und nicht für lange. Nach neunjähriger Facebook-Freundschaft bekam ich, wie die meisten anderen ihrer Online-Freunde auch, die Nachricht, wir seien entfreundet worden.

Das Büro des Präsidenten der Ukraine gab den Namen Julija Mendels am 3. Juni 2019 bekannt. Sie sei siegreich aus dem von

Selenskyjs Team Ende April ausgeschriebenen Wettbewerb um den Pressesprecherposten hervorgegangen, an dem über 4000 Bewerberinnen und Bewerber teilgenommen hatten. Warum der neue Präsident sich ausgerechnet für Mendel entschied, bleibt ein Rätsel. Julija selbst sagt, sie sei Wolodymyr Selenskyj anlässlich eines Gruppeninterviews für die *New York Times* schon einmal begegnet. Beim letzten Gespräch vor ihrer Berufung zur Pressesprecherin habe er ihren Englischkenntnissen auf den Zahn gefühlt.

Zum Zeitpunkt von Mendels Ernennung zur Pressesprecherin hatte die 32-Jährige, die aus einer Arztfamilie in Henitschesk in der Oblast Cherson stammt, am Philologischen Institut der Kyjiwer Nationalen Universität promoviert und konnte ein Praktikum bei der Euro-Atlantic Summer Academy in Warschau sowie eines in Yale vorweisen. Im Interview mit Natalija Wlaschtschenko erzählte Mendel davon, wie sie in einer ziemlich armen Familie aufgewachsen war und in den 1990er-Jahren Hunger gelitten hatte. Wie sie während der Verteidigung ihrer Dissertation gegen Korruption kämpfte. Und ganz besonders stellte sie heraus, wie sie 2016 dem Fernsehjournalismus den Rücken hatte kehren wollen und ihr letztes Geld, 3000 Dollar, zusammengekratzt hat, um einen Kurs in Yale zu absolvieren. Stattdessen bekam sie in den USA wieder einen Job beim Fernsehen und ging zum Sender *Inter*.

Nur mit großer Mühe lässt sich behaupten, Julija Mendel habe vor ihrem Posten als Pressesprecherin eine beeindruckende Arbeitsbiografie und entsprechende Erfahrungen gehabt. Kommunikationsexperten und -expertinnen wie sie gibt es in der Ukraine zu Hunderten, wenn nicht zu Tausenden. Dennoch war es ausgerechnet Mendel, die in den engsten Kreis des Präsidenten aufgenommen wurde, wo sie sogleich eine sehr eigenwillige Auffassung ihrer Aufgabe entwickelte.

Das demonstrative Ignorieren früherer Kolleginnen und Kollegen, das Abschirmen Selenskyjs von der Presse, mangelnde Geografiekenntnisse, wo Litauen schon mal mit Lettland und Ottawa mit Toronto verwechselt wurde, unglückliche Kommentare zur Lage im Donbas, wo das ukrainische Militär angeblich Städte bombardiere, hätten neben diversen anderen Fuck-ups der Karriere jeder anderen Pressesprecherin schon lange ein Ende gesetzt. Nicht so im Falle Mendels, die sich weitaus mehr herausnahm, als ihr gemäß ihrer Jobbeschreibung eigentlich zustand. Als Journalisten und Journalistinnen forderten, das Büro des Präsidenten sollte Julija wegen mangelnder Professionalität entlassen – man warf ihr vor, Serhij Andruschko von *Radio Liberty* und den Journalisten Christopher Miller an der Arbeit gehindert zu haben –, verteidigte Selenskyj Mendel höchstpersönlich in aller Öffentlichkeit: »Ich werde ihr sagen müssen: ›So geht das nicht. Kommt so etwas noch einmal vor, müssen wir uns von dir trennen.‹ Aber für den Moment stehe ich zu ihr … Wir sind alle nur Menschen, wir machen alle Fehler … Darum werde ich das Mädchen für diesmal schützen.«

Julija Mendel selbst sah sich als Diplomatin und Kommunikationsprofi in Selenskyjs Team. Doch ein ziemlich frivoles Foto von ihr mit dem Präsidenten für ein Interview des *Guardian* im März 2020, auf dem er sitzt und sie hinter ihm stehend die Hand auf der Lehne seines Stuhls ruhen lässt, löste eine Flut von montierten Bildchen und bissigen Kommentaren aus. Die Szenerie wirkte viel zu familiär. Zudem geizte Mendel auch nicht mit Komplimenten an die Adresse ihres Chefs, was sich Wolodymyr meiner Meinung nach auch gern gefallen ließ. Was aber auch Anlass zu immer neuen Gerüchten gab: Über die angebliche Romanze zwischen Mendel und dem Präsidenten und sogar über eine Schwangerschaft wurde gemunkelt. Dieses Thema wurde aktiv von Hennadij Balaschow gepusht.

Lange hielt Mendel stand, dann veröffentlichte sie auf ihrer Instagram-Seite ein kurzes Statement, worin sie Ukrainerinnen und Ukrainer bat, nicht auf Fakes hereinzufallen.

»Ein Artikel auf *Kanal24* listet die Namen der Top Fake Creators des Jahres auf. Lest ihn, denkt nach und vergesst nicht: Ihr seid das, was ihr konsumiert. Ganz sicher, wenn es um Informationen geht. Respektiert andere und vor allem – respektiert euch selbst«, gab die Pressesprecherin von Präsident Selenskyj zu bedenken.

Es wirkt wie Ironie des Schicksals, dass Mendel, betraut mit der Kommunikation zwischen Präsident und Medien, selbst nicht auf Informationsprovokationen dieser Art vorbereitet und auch nicht in der Lage war, ihnen entgegenzutreten. Genau da hätte aber doch ihre eigentliche Aufgabe als Pressesprecherin des Staatsoberhaupts gelegen.

Ende April 2021 trat Julija zurück. Zuvor hatte sie noch ihr Buch mit dem Titel *Wir sind alle Präsident* fertiggestellt. Darin erzählt Mendel von ihrer Rolle in der aktuellen ukrainischen Politik. Sie arbeitet weiterhin mit Selenskyjs Team zusammen.

Episode 11

WLADIMIR PUTIN IN DIE AUGEN SCHAUEN UND ...

Gleich für die ersten Monate seiner Präsidentschaft wünschte sich Wolodymyr Selenskyj ein Treffen mit Wladimir Putin. Der frischgebackene ukrainische Staatschef hatte es eilig, sein Wahlkampfversprechen zu erfüllen und den Krieg im Donbas zu beenden. Ihm war klar geworden: Seine Wahlkampfrhetorik, die sich in etwa auf die Formel »Alle müssen einfach aufhören zu schießen« bringen ließ, war nicht praxistauglich. Also musste man sich mit Putin an den Verhandlungstisch setzen.

Selenskyj behauptete, dem Kremlchef in die Augen schauen und dabei verstehen zu wollen, was Putin für ein Mensch sei. Dafür war er zu allem bereit – zu einem erneuten der vielen Waffenstillstände im Donbas, von denen noch keiner wirklich Frieden gebracht hatte, zu einem Rückzug der ukrainischen Streitkräfte von der Kontaktlinie, zu weiteren Zugeständnissen in Richtung Moskau. Wolodymyrs strategischer Irrtum lag genau darin, dass er Putin bei den Verhandlungen als Mensch, nicht als Aggressor begegnen wollte. Selenskyj glaubte in aller Aufrichtigkeit daran, dass er in den Augen des Kremlchefs zumindest ein Fünkchen Trauer über die 14 000 Toten im Donbas würde ausmachen können.

Wie es scheint, war der ukrainische Präsident fest davon überzeugt, in Paris, wo für den 9. Dezember 2019 ein Gipfeltreffen im Normandie-Format angesetzt worden war, würden sein schauspielerisches Charisma und sein unvergleichlicher Charme Wunder wirken. Er hoffte, von dort mit einer Zusage für die Beendigung der Kampfhandlungen im Donbas nach Hause zurückzukehren. Wolodymyr vergaß dabei offenbar, dass Wladimir als Schauspieler auch nicht von schlechten Eltern ist. Scherz beiseite – Wladimir Putin tritt seit 20 Jahren in der Rolle des friedenstiftenden Präsidenten auf, der vorgibt »wir sind da doch gar nicht«. In Georgien, in Transnistrien, in Syrien hat er diese Rolle bereits gespielt. Und eben auch in der Ukraine.

Selenskyj wollte in den Verhandlungen mit Moskau um den Donbas dagegenhalten können. Im Sommer 2019 versuchte er, das Verhandlungsteam zu stärken, das zu den Dreiparteiengesprächen nach Minsk reisen sollte. So kehrte Roman Bessmertnyj, der schon zu Poroschenkos Zeiten den Verhandlungsprozess begleitet hatte, am 9. Juli zurück in die Arbeitsgruppe »Politische Fragen«. Einen guten Monat später, am 13. August, wurde Bessmertnyj aber schon wieder von seinem Posten abgesetzt.

»Ich hatte Leonid Kutschma ungefähr drei Wochen vor meiner Ernennung sehr klar gesagt, dass ich mich nicht in diesem Team sehe und so nicht würde arbeiten können«, erzählt mir Roman. »Zu diesem Zeitpunkt hatte ich nämlich schon begriffen, wer diese Leute waren, Selenskyj, Kornijenko, Rasumkow. Als Staat ist die Ukraine ziemlich klein. Und man ist sehr mitteilsam. Die meisten kannte ich persönlich oder zumindest vom Sehen. Ich war ja sozusagen ein mit allen Wassern gewaschener alter Hase, und natürlich war mir auch klar, dass wer arbeitet, auch Fehler macht. Hier aber waren die Fehler schon vorprogrammiert.«

Bessmertnyj erinnert sich noch an sein Gespräch mit Selenskyj, der ihm trotz seiner zahlreichen im Vorwahlkampf getätigten Äußerungen dafür dankte, dass er sich an den Gesprächen der trilateralen Kontaktgruppe in Minsk beteiligen wollte.

»Was mir bei diesem Treffen gar nicht behagte«, so Roman zu mir, »war, dass er [Selenskyj] immer den Blick abwandte. Ich schaue meinem Gegenüber in einem Gespräch immer in die Augen. Das tat ich damals auch, er aber schaute weg. Ich dachte mir, entweder ist das ein Spiel oder er ist schlicht emotional angespannt. In meinem ersten Interview im Anschluss sagte ich, der Präsident wolle sicher das Beste, aber er sei mit der Materie noch nicht vertraut. Das hatte ich einfach gesehen und gespürt. Ich hatte ihn ja auch gefragt, wie er die Lage in der Ostukraine einschätzte. Er sagte mir, bis Neujahr, also bis Anfang 2020, müssten wir die Donbas-Frage gelöst haben. Da war mir klar, dass er keine Vorstellung davon hatte, worum es ging. ›Die Frage lösen‹, das klingt wie ›Korruption bekämpfen‹ oder ›ökonomische Reformen anstoßen‹, es ist eine Phrase, da steht nichts dahinter. Ich bat ihn dann, mich damit zu betrauen, die relevanten Dokumente vorzubereiten, denn ich hatte die Schwächen in der Kontaktgruppe schon erkannt.

Innerhalb von zwei Wochen hatte ich ein von allen Angehörigen der Kontaktgruppe abgesegnetes Konzept erstellt, das ich dem Sekretär des Nationalen Sicherheits- und Verteidigungsrates und dem Leiter des Büros des Präsidenten Andrij Bohdan vorlegen konnte. Nach dem Treffen mit Bohdan rief ich einen seiner damaligen engen Freunde an und sagte: ›Beruft den von diesem Posten ab, der wandert hinter Gitter.‹ Von außen betrachtet hätte unser Austausch sicher amüsant, komisch, wie eine Blödelei gewirkt, aber Bohdans eigene spätere Worte [im Interview mit Dmytro Hordon – A. d. A.], dass Selenskyj völlig ahnungslos bezüglich der Funktionsweise der staatlichen Institutionen sei, die trafen in einem noch viel höheren Maße auf ihn selbst zu.

Die hatten sich einfach intellektuell noch nicht hineingedacht, wie das nun anzugehen war. Ich sah da eine Verwirrung, ein Chaos, das dem des Jahres 2013 in nichts nachstand. Nur, dass sich 2019 die Front eben schon verfestigt hatte, es Kampfeinheiten mit klar umrissenen Verantwortlichkeiten gab, die dort schon lange die Stellung hielten und in der Lage waren, auf Knopfdruck zu reagieren. Aber das System, die Institutionen, die höheren Ebenen der Streitkräfte und vor allem der Oberbefehlshaber persönlich schenkten diesem Problem gar keine Aufmerksamkeit. Dazu konnte ich einfach nicht länger schweigen. Das war dann auch der Grund für meinen Rückzug.«

Am 1. Oktober 2019 ließ sich der ehemalige Präsident der Ukraine Leonid Kutschma in der trilateralen Kontaktgruppe auf die sogenannte Steinmeier-Formel ein. Sie sah vor, dass die Parteien einem Waffenstillstand zustimmen und ihre Truppen abziehen, die Werchowna Rada ein Amnestie-Gesetz für alle Kämpfer verabschiedet und dann unter Beobachtung durch die OSZE in den betroffenen Gebieten Lokalwahlen abgehalten werden. In der Ukraine empfanden viele diese Formel als eine Art Kapitulation. In zahlreichen Städten kam es zu Protestaktionen unter dem Motto »Nein zur Kapitulation«, die verhindern sollten, dass dieser Plan beim anstehenden Gipfeltreffen im Normandie-Format in Paris verabschiedet würde. Interessanterweise gab Ende Oktober auch Kutschma selbst zu, die Steinmeier-Formel sei in ihrer gegenwärtigen Gestalt für die Ukraine unannehmbar.

Am 8. Dezember, einen Tag vor dem Gipfel, versammelten sich auf dem Majdan in Kyjiw Zehntausende Teilnehmende des Aktionsbündnisses »Rote Linie für Selenskyj«. Abends bauten Mitglieder der »Bewegung gegen die Kapitulation« in der Nähe des Büros des Präsidenten eine Zeltstadt auf. Die Organisatoren beider Demonstrationen gaben an, mit ihren Aktionen Wolodymyr Selenskyj in Paris den Rücken stärken zu wollen: Der Majdan helfe dem Präsidenten, entschlossen »Nein« zu Wladimir Putin zu sagen. Dabei ging von den Demos im Herzen Kyjiws natürlich auch eine deutliche Warnung an Selenskyj aus.

Im Büro des Präsidenten hatte man eine eigene Version von den Motiven der Protestierenden: Die Leute stünden auf dem Majdan – für Geld. Andrij Bohdan war überzeugt, Ex-Präsident Petro Poroschenko stecke dahinter. Als hätte Poroschenko nur ein paar »Roschenky«, Pralinen aus Poroschenkos Süßwarenkonzern ROSHEN, spendieren müssen, und schon wären alle brav auf den Platz getrabt. Dabei befanden sich auf dem Majdan auch Anhänger der Parteien »Vaterland«, »Stimme« und »Demokratische Axt« sowie Kriegsveteranen und bekannte Aktivistinnen und Aktivisten. Der Grund für den Marsch zum Büro des Präsidenten war auch ganz sicher nicht Geld, sondern das Fehlen einer klar umrissenen Position seitens Wolodymyr Selenskyjs am Vorabend des Pariser Gipfeltreffens. Die Beteuerungen des Präsidenten, einer Kapitulation würde er niemals zustimmen, klangen nicht überzeugend.

Das Gipfeltreffen im Normandie-Format begann in Paris am 9. Dezember um 16 Uhr Ortszeit. Es war ein sonniger Tag. Im Hof des Elysée-Palastes stand die Ehrengarde stramm. Der französische Präsident Emmanuel Macron erwartete seine Gäste auf der Freitreppe, gegenüber der Ehrengarde standen die Journalistinnen und Journalisten.

Als Erste traf Angela Merkel ein. Ihr Mercedes setzte die deutsche Kanzlerin im blauen Blazer direkt am Fuße der Treppe ab, wo Macron, elegant und lächelnd, sie mit Küsschen-Küsschen in Empfang nahm.

Als Zweiter fuhr der Renault Espace mit Wolodymyr Selenskyj an Bord in den Hof ein und hielt am Tor. Der ukrainische Staatschef im Mantel setzte sich beherzt in Richtung auf den französischen Präsidenten in Bewegung, schritt die Ehrengarde ab und begrüßte Macron voller Freude. In diesem Moment rief einer der anwesenden russischen Journalisten: »Gospodin Selenskyj, was wäre für Sie ein Erfolg? Gospodin Selenskyj! Bitte beantworten Sie die Frage! Gospodin Selenskyj!« Macron und Selenskyj ließen sich von den Zwischenrufen aus dem Pressepool nicht beirren und gingen wie zwei gute alte Bekannte zusammen zum Eingang des Palasts. Nur wenige werden sich an dieses Detail erinnern, aber Macron war der erste ausländische Staatschef, der Selenskyj empfangen hatte, und zwar als dieser noch Kandidat war, zwischen der ersten und zweiten Wahlrunde. Oder erinnert man sich doch, jedenfalls an das ikonische Foto von Selenskyj, Ruslan Rjaboschapka, Oleksandr Danyljuk und Iwan Bakanow, wie sie durch die französische Hauptstadt flanieren, dazu der Titel »Dream Team«? Zum Dream Team komme ich später noch einmal …

Als letzter Gast des Gipfeltreffens im Elysée fuhr Wladimir Putin vor. Er gab sich alle Mühe, keinerlei Emotion zu zeigen. Der Kremlherr hievte sich schwer aus seinem Aurus-41231 Senat L700, durchquerte ebenso schweren Schrittes den Hof, ging auf Macron zu, schüttelte ihm die Hand und verschwand im Inneren des Gebäudes. Dieser Auftritt war durchaus vielsagend. Der Staatenlenker, der in Europa und der ganzen Welt Angst und Schrecken säen wollte, wirkte hölzern und ältlich und konnte in keiner Weise mit Macron und Selenskyj mithalten. Eine andere Zeit, eine andere Generation, ein ganz anderer Lebenshunger.

Vor den Teilnehmenden lagen neun Stunden Gespräche und eine anschließende Pressekonferenz, Selenskyjs Debüt unter den Normandie-Vier. Dass die Staatschefs Deutschlands, Frankreichs, der Ukraine und Russlands nach dreijähriger Pause überhaupt wieder zusammenkamen, galt bereits als Erfolg. Hinter verschlossenen Türen sprach Selenskyj erst mit Putin allein, dann mit Macron, zuletzt auch mit Merkel. Was Wolodymyr dabei in Wladimirs Augen wahrnahm, hat er öffentlich nie mitgeteilt. Putin verließ sich anscheinend auf seine üblichen Verhandlungstaktiken – Erpressung, Einschüchterung, Zuckerbrot und

Peitsche. Als die Parteien noch vor Beginn der Gespräche zum Fototermin fürs Protokoll zusammenkommen sollten, war Selenskyj sichtlich nervös. Zunächst hätte er beinah den für Putin vorgesehenen Platz eingenommen, dann verwickelte er die anwesenden Journalistinnen und Journalisten in ein Gespräch und zeigte ihnen Papiere – wie sich herausstellte, die als Gesprächsgrundlage vorgesehenen Thesen.

»Die gehen gleich alle«, sagte der russische Präsident zu Selenskyj und wies dabei auf einen der Anwesenden, »dann fangen wir an zu verhandeln.« Der ukrainische Präsident nahm einen Schluck Wasser. Seine Bangigkeit war ihm deutlich anzumerken.

Es folgten also die Verhandlungen, die Pressekonferenz und das gemeinsame Kommuniqué der vier Parteien, bei dem es zum wiederholten Mal um eine Feuerpause im Donbas ging, einen Gefangenenaustausch im Modus »alle gegen alle« und einen Truppenrückzug aus drei weiteren Abschnitten an der Kontaktlinie.

Sein Tête-à-Tête mit Putin hat Selenskyj offensichtlich wenig gebracht. Am Ende des Gipfels haben der ukrainische und der russische Präsident nicht zu einer gemeinsamen Position zur Zukunft des Donbas gefunden, insbesondere nicht, was die Rückgabe derjenigen Teilstücke der Kontaktlinie an der ukrainisch-russischen Grenze anging, die von den sogenannten »Donezker« und »Luhansker Volksrepubliken« kontrolliert wurden. Putin blieb eisern – dies könne nur auf dem Weg geschehen, den das Minsker Abkommen vorsah, also am Tag nach der Durchführung von Wahlen in den beiden »Volksrepubliken«. Selenskyj war strikt gegen diese Auflage und verlieh seinem Unmut über das Minsker Abkommen Ausdruck, das er von seinem Vorgänger Petro Poroschenko geerbt hatte. Im Abschlusskommuniqué jedoch unterstrichen alle Parteien die Absicht, sich über die rechtlichen Aspekte einer lokalen Selbstverwaltung mit Sonderstatus für die betroffenen Gebiete weiter verständigen und die Steinmeier-Formel umsetzen zu wollen.

Nur wenige Menschen wissen, was wirklich hinter den Kulissen dieses Gipfels vor sich ging. Der ukrainische Innenminister Arsen Awakow lobte Präsident Selenskyj und erzählte, wie dieser den russischen Außenminister Sergej Lawrow angeblich aufgefordert habe, sein abschätziges Kopfnicken einzustellen. »Wolodymyr Oleksandrowytsch konnte während eines Gesprächs, das er auf Russisch führte, nicht mehr an sich halten und sagte: ›Herr Lawrow, bitte lassen Sie dieses Kopfnicken, es ist völlig unangebracht, dass Sie hier so nicken! Ich weiß ganz genau, wie Sie das meinen, aber im Gegensatz zu Ihnen bin ich jeden dieser Orte an der Grenze abgelaufen, über die wir hier reden, es besteht also kein Grund, ständig so zu nicken, als seien Sie allwissend …‹«, so gab Awakow Selenskyjs Verbalausfall gegen Lawrow wieder.

Putins Vertrauter Surkow bezeichnete die Worte des Innenministers später als besoffene Hirngespinste, dieser habe nach dem Normandie-Gipfel wohl zu tief ins Weinglas geschaut.

Unter denen, die mehr hätten sagen können, sich aber in Schweigen hüllten, war auch Andrij Jermak, für den das Gipfeltreffen im Normandie-Format der erste und noch lange nicht letzte wichtige Sieg im Kernteam des Präsidenten war. Dabei gab Andrij Bohdan, der Leiter des Büros des Präsidenten, sich große Mühe, Jermaks Erfolg zu ignorieren. Bei einem Auftritt Selenskyjs vor Journalisten in Paris sang er über dessen Schulter hinweg Swjatoslaw Wakartschuks Lied »Es ist kalt« und benutzte als Refrain die Worte »Wir da-an-ken, wir da-an-ken«.

Selenskyj schien sichtlich irritiert. In Paris wurden ihm nicht nur beim Treffen mit Putin die Augen geöffnet, ähnlich erhellend war wohl auch das Verhalten Bohdans.

Zwei Monate später würde Andrij Bohdan als Chef des Präsidentenbüros zurücktreten und durch Andrij Jermak ersetzt werden, Selenskyjs Chefunterhändler mit der russischen Seite. Das nächste Treffen im Normandie-Format, angesetzt für März 2020, sollte ausfallen. Die Coronapandemie legte die Welt lahm.

Sämtliche Versuche Selenskyjs, in den seit Paris vergangenen zwei Jahren mit Putin weiter zu verhandeln, blieben erfolglos. Im Frühjahr 2021 schlug der ukrainische Präsident dem Kremlchef ein Treffen im Donbas vor. Als Antwort beschied man ihm: »Uns interessieren in der Ukraine die russische Sprache, die orthodoxe Kirche und die Bürger der Russischen Föderation. Der Donbas ist eine interne Angelegenheit des ukrainischen Staates.«

Fünf Monate später würde der stellvertretende Sekretär des Sicherheitsrats der Russischen Föderation, Dmitrij Medwedew, in der Zeitung *Komersant* schreiben, derzeit sei jeder Kontakt zur ukrainischen Führung sinnlos, Moskau warte auf einen Regimewechsel in Kyjiw.

Weitere vier Monate später, am 24. Februar 2022 würde Wladimir Putin die Ukraine angreifen und sie flächendeckend mit Krieg überziehen.

Trotz alledem ist Wolodymyr Selenskyj weiterhin bereit, sich mit dem russischen Präsidenten zu treffen. Nicht mehr, um einander in die Augen zu schauen, sondern um den russischen Aggressor zu stoppen.

Episode 12

DER LAIE AUF DEM ROLLER

Oleksij Hontscharuk war der erste und wohl auch der letzte Ministerpräsident der ukrainischen Geschichte, der mit einem Elektroroller im Regierungsgebäude herumfuhr.

Er tat dies am Sonntag, den 1. September 2019, am Tag, bevor das neue Schuljahr begann. Der frisch ernannte Regierungschef hatte beschlossen, sein Amt auf zeitgenössische Art anzutreten. Poloshirt, Jeans, Sneaker und ein Roller: Das alles sollte offensichtlich das Ende der Ära langweiliger, arroganter Anzugtypen symbolisieren.

Hontscharuk fuhr mit dem Roller durch die Flure des Ministerkabinetts und wandte sich mit folgenden Worten per Videobotschaft an die Schüler und Schülerinnen: »In diesen Räumlichkeiten arbeitet die ukrainische Regierung. Die Minister und Ministerinnen fassen hier die wichtigsten Beschlüsse für die Ukraine. Damit aber unser Land erfolgreich ist, brauchen wir kluge, gebildete, freie Bürgerinnen und Bürger. Euch! Also lernt fleißig, und wir von der Regierung werden alles tun, um die nötigen Rahmenbedingungen für euch zu schaffen.«

Hontscharuk ahnte zu dem Zeitpunkt wohl selbst kaum, dass er für die Umsetzung seiner Vorhaben nur genau ein halbes Jahr Zeit haben würde. Er würde die Mannschaft von Selenskyj genauso blitzartig verlassen, wie er in sie hineingeraten war. Ich erinnere mich, wie er noch am 22. April 2019 in einem Interview mit dem Projekt KRYM Petro Poroschenko gelobt und die Perspektiven für Wolodymyr Selenskyjs Präsidentschaft ziemlich skeptisch eingeschätzt hatte.

»Wir sollten nicht vergessen, dass unter Poroschenko – ob das nun gut ist oder schlecht – die Praxis, Geld zu drucken, um Löcher zu stopfen, nicht üblich war. Und das ist eine Errungenschaft … Aber genau das könnten wir verlieren, wenn die Administration des neuen Präsidenten nicht begreift, dass die Regulierungsbehörde unabhängig sein muss … Wir wissen nicht, wer dieser Selenskyj ist, daher ist es unglaublich schwer, in Bezug auf ihn Position zu beziehen … Wenn Sie mir erklären, wofür Selenskyj steht, sage ich Ihnen, wie ich mich zu ihm stelle«, sagte er dem Interviewer Wolodymyr Fedorin.

Dennoch wurde Hontscharuk auf Einladung von Andrij Bohdan schon nach einem Monat als Stellvertretender Leiter des Präsidentenbüros für Wirtschaftsfragen in Selenskyjs Mannschaft aufgenommen und wurde ständiger Begleiter des Präsidenten auf seinen Reisen durch die Ukraine wie auch ins Ausland. Nach vier Monaten stand er dann an der Spitze der Regierung und wurde mit seinen 35 Jahren ihr jüngster Chef.

Hontscharuk hatte ein Studium an der Interregionalen Akademie für Personalmanagement (wie sein Vorgänger Wolodymyr Hrojsman) und an der Nationalen Akademie für Öffentliche Verwaltung des Präsidenten hinter sich sowie Jobs als Anwalt, als Berater von Umweltminister Ihor Schewtschenko und des Ersten Vize-Ministerpräsidenten Stepan Kubiw, als Leiter des Büros für effektive Regulation BRDO, jenes Gremiums, das Aivaras Abromavičius während seiner Zeit als ukrainischer Wirtschaftsminister mit finanzieller Unterstützung der EU geschaffen hatte. Hontscharuk und Co. hatten Empfehlungen für eine effektive staatliche Regulierung in verschiedenen Bereichen vorbereitet. Hontscharuk hatte übrigens selbst auch für die Rada kandidiert, allerdings schon 2014 und an der Spitze der Parteiliste von »Kraft der Menschen«, doch verlor er damals die Wahl (die Partei errang 0,11 %).

Nach seiner Ernennung zum Ministerpräsidenten strahlte der stets elegant in Dreiteiler oder einfach mit Weste gekleidete Hontscharuk Vertrauen in die eigenen Fähigkeiten aus. Er hatte zwar keine Erfahrung in Unternehmensführung. Er hatte zwar nie ein Ministerium geleitet. Er war zwar nur in der Theorie Experte. Aber genau das gereichte Hontscharuk in den Augen des Präsidententeams ja zum Vor- und nicht zum Nachteil. Wolodymyr Selenskyj persönlich unterstrich öffentlich nicht nur einmal, welchen Vertrauensvorschuss der junge Ministerpräsident von ihm erhalte.

Hontscharuk sollte die Reformen von Präsident Selenskyj nach außen vertreten. Dieser Rolle wurde er jedoch bald überdrüssig. Vielmehr wollte er selbst gern der Reformer sein. Er wusste genau um Selenskyjs Schwäche in Fragen der Wirtschaft, der öffentlichen Verwaltung und der Landesführung im Allgemeinen. Dennoch spielte er in der Öffentlichkeit weiter den treuen Knappen des Präsidenten.

Was hinter den Kulissen vor sich ging, erfuhr die Nation, als das Gespräch von einem Treffen des Ministerpräsidenten mit Finanzministerin Oksana Markarowa, dem Chef der Ukrainischen Nationalbank NBU Jakiw Smolij, NBU-Vizechefin Kateryna Roschkowa und der Stellvertretenden Leiterin des Präsidentenbüros Julija Kowaliw vom 16. Dezember 2019 ins Netz gelangte. Einen Monat später, am 15. Januar 2020, war ein Mitschnitt der Öffentlichkeit zugänglich.

In diesem Gespräch räumte Hontscharuk ein, selbst ökonomischer Laie zu sein. Selenskyj dagegen verfüge nur über ein ganz primitives Verständnis ökonomischer Prozesse. Noch einfacher ausgedrückt, herrsche da »Nebel im Kopf«, wie es Oleksij formulierte. Der Ministerpräsident hat sich also in diesem Gespräch nicht sehr wohlwollend über Selenskyj geäußert. Aber er tat dies in einem informellen Rahmen und rechnete sicher nicht damit, dass das Gesagte einst veröffentlicht würde.

Die Frage, wer warum bestrebt war, Wolodymyr Selenskyj und Oleksij Hontscharuk zu entzweien, indem er den Mitschnitt geleakt hat, bleibt ungeklärt. Auch Durchsuchungen in den Räumlichkeiten des TV-Senders von Oligarch Kolomojskyj brachten keine Antwort auf diese Frage.

Nach der Veröffentlichung der Aufzeichnung wehrte sich Hontscharuk zwei Tage lang gegen einen möglichen Rücktritt.

Am dritten Tag rang er sich dann doch dazu durch, richtete sein Rücktrittsgesuch jedoch nicht wie gesetzlich vorgeschrieben an die Werchowna Rada, sondern an Präsident Selenskyj. So nach dem Motto, Vater, einzig Euch obliegt es zu entscheiden, ob ich schuldig bin oder nicht.

Dass er dem Präsidenten seinen Kopf quasi auf dem Richtblock präsentierte, zahlte sich offenbar aus: Erneut sprachen das Staatsoberhaupt und der Ministerpräsident vor laufender Kamera über Vertrauensvorschuss. Und damit, so schien es, war der Konflikt vorbei. Trotzdem beendete die Veröffentlichung jenes Gesprächs de facto die Ministerpräsidentschaft von Hontscharuk. Selenskyj konnte das mit dem »Nebel im Kopf« offensichtlich doch nicht ertragen. Schon eineinhalb Monate später schrieb Hontscharuk wieder ein Rücktrittsgesuch, und am 4. März nahmen der Präsident und das Parlament dieses an.

Am selben Tag verlor noch eine Teilnehmerin des erwähnten Gespräches mit Hontscharuk ihren Posten: Finanzministerin Oksana Markarowa. Vier Monate später, am 3. Juli, wurde als weiterer Gesprächsteilnehmer NBU-Chef Jakiw Smolij entlassen.

Die Geschichte mit Hontscharuk demonstrierte: Präsident Selenskyj kann nicht verzeihen. Selbst wenn er weiß, dass das, was hinter den politischen Kulissen über ihn gesagt wird, wahr oder teilweise wahr ist.

Und so seltsam das klingen mag: Mit dem Rücktritt Hontscharuks vom Posten des Ministerpräsidenten begannen die Mythen um die neuen Gesichter und um die Blitzreformen der »Diener des Volkes« zu bröckeln.

Episode 13

EINE GLOCKE FÜR MASLJAKOW

Selenskyjs Karriere im Showgeschäft begann mit dem *Klub der Witzigen und Schlagfertigen,* kurz KWS. Der sechste Präsident der Ukraine machte sich noch in der Sowjetunion einen Namen in diesem sehr populären Fernsehformat mit seinem bunten, als Teamwettbewerb in verschiedenen Ligen organisierten Showprogramm aus Quizfragen, Improvisationstheater, Sketchen und musikalischen Einlagen. Auch in postsowjetischen Zeiten blieb er dem Milieu der TV-Gameshows eng verbunden.

Es war 1994, als sich die KWS-Truppe des Staatlichen Medizinischen Instituts Saporischschja und die »Taugenichtse Krywyj Rih« zu einer gemeinsamen Formation unter dem Namen »Saporischschja-Krywyj Rih-Transyt« zusammenschlossen, um unter den Erstliga-Teams des KWS in Moskau mitmischen zu können. In diese Truppe holte man sich Wolodymyr Selenskyj, zunächst als Choreograf der Tanzeinlagen, dann als Autor.

In der Truppe freundete sich der künftige Präsident mit den Schefir-Brüdern Serhij und Borys an. Gemeinsam eroberten sie Moskau und das Showgeschäft, bauten sich ein eigenes Unternehmen in der Ukraine auf und blieben auch nach der Präsidentschaftswahl Selenskyjs enge Vertraute und Unterstützer.

In dieser Truppe debütierte Selenskyj 1997 auf der Bühne des KWS-Festivals in Sotschi als Schauspieler in einer kleinen humoristischen Einlage.

In dieser Truppe traf Selenskyj auch auf den, der später Autor bei Studio Kwartal 95 werden und die Drehbücher zu den

Serien *Heiratsvermittler* und *Diener des Volkes* verfassen sollte: Andrij Jakowljew, der wie die Schefir-Brüder Selenskyjs Geschäftspartner wurde.

Mit dieser Truppe wurde der künftige Präsident der Ukraine zum ersten und einzigen Mal in seinem Leben Meister in der Ersten Liga des »Klubs der Witzigen und Schlagfertigen«. Zwar musste er sich den Sieg mit einer armenischen Mannschaft teilen. Aber immerhin.

Besagtes Finale am 26. Dezember 1997, bei dem »Transyt« und die »Neuen Armenier« gegeneinander antraten, sollte nicht nur für Selenskyj eine entscheidende Weichenstellung bedeuten. Es lieferte auch den Impuls für die Gründung von Studio Kwartal 95. Wie der Wettkampf und insbesondere die Abstimmung über den Sieg verliefen, wurde zu einer Sache auf Leben und Tod.

Ein episches Finale. Absolute Feindschaft. Die offensichtliche Überlegenheit der Truppe »Transyt«. Das Unentschieden und die Enttäuschung. Alles in den heiligen Hallen des Moskauer Palastes der Jugend. In der hochkarätigen Jury die Stars Alexander Abdulow, Leonid Parfonow, Konstantin Ernst, Andrej Makarow, Sergej Scholochow, Sergej Schigunow, Iwan Demidow und Julij Gusman.

In den beiden Teams lauter angehende Stars des Showbusiness: Garyk Martyrosjan, Artasches Sarkissian, Artur Dschanibekjan, Wolodymyr Selenskyj, Olena Maljaschenko (heute Olena Krawez), Denis Manschosow, Jurij Krapow. Und über allem thronend Aleksandr Masljakow, der mächtige und in der ganzen ehemaligen Sowjetunion bekannte Moderator der Show.

»Saporischschja-Krywyj Rih-Transyt« mit Selenskyj wurde von den Fans im Saal mit gelb-blauen Flaggen und Transparenten begrüßt, auf denen stand: »Erfahrene Dschigiten wissen: Transyt gewinnt« und »Transyt ist unser Champion«. Ein Jahr später wird Wolodymyr Selenskyj bei einem seiner ersten Interviews auf dem Festival in Sotschi über dieses Finale aus dem Nähkästchen plaudern: »Wir hatten schon lange begriffen, dass die Armenier siegen würden. Wir wollten beim Publikum gewinnen. Masljakow nahm uns Tag für Tag, bei jedem Track eine Musiknummer weg. Wir bekamen diesen genialen Wandschirm aus Metall, der um die 80 Kilo schwer war. Völlig idiotisch als Umkleide. Bei Minute zwei hatten wir eine interessante Nummer geplant. Sie wurde gestrichen. Insgesamt drei Nummern haben sie uns gestrichen. In der Fernsehversion wurden sieben Sketche für den Musikteil aufgenommen und sechs für die Kategorien ›Visitenkarte‹ und ›Daheim‹, zwei Blöcke also. Trotzdem hätten wir beim Musikprogramm mit einem solchen Live-Erfolg im Saal gar nicht gerechnet. Das Publikum hat uns unheimlich gut angenommen.«

Bereits beim Musikwettbewerb war offensichtlich, dass »Transyt« den Meistertitel holen musste. Vor den »Hausaufgaben«, dem letzten Segment, lagen die »Neuen Armenier« hinter dem ukrainischen Team, wenngleich nur knapp mit 15,99 zu 16,49 Punkten. Selenskyj und seine Mitstreiter wähnten den Sieg schon sicher.

Als der Wettbewerb vorüber war, hatten sich die Ukrainer als das klar überlegene Team erwiesen. Die Jury beriet sich geschlagene 40 Minuten und konnte sich doch nicht auf ein Endergebnis einigen. Da machte Aleksandr Masljakow den Vorschlag, die letzte Runde nicht zu bewerten. Regisseur und TV-Moderator Julij Gusman ergriff auf der Bühne das Wort: »Lassen Sie mich Ihnen sagen, was die Jury meint. Zuerst einmal, wir waren vom Auftritt beider Truppen absolut begeistert. Ich will ehrlich sagen, dass uns über weite Strecken eine besser gefallen hat. Aber die andere brachte in das Finale ihre ganze jugendliche Frische, ihren Humor und Optimismus ein. Wir haben die Köpfe über den Punkten zusammengesteckt. Wir hatten die Befürchtung, dass der eine oder andere doch vielleicht eher zufällig vergeben worden war, das ist ja hier Mathematik, da passieren Fehler, wir sind zu acht, da kann so was schon vorkommen. Das wollen wir aber nicht. Also bitten wir Sie, sich unserer Neujahrsentscheidung anzuschließen: Wir gratulieren beiden Truppen in diesem Wettbewerb zum Sieg. Lasst uns anstoßen auf die Gesundheit unserer beiden Gewinner!«

Masljakow, den Champagnerkelch in der Hand, spielte perfekt den Verwirrten: »Wie auch immer nun die eine oder die andere Truppe die Sache sieht«, dabei gestikulierte er nach rechts und links, »wir müssen uns der Meinung der Jury fügen. Ich behalte den Preis also hier bei uns und lade beide für nächsten Sommer zur großen Revanche ein. Und dann ermitteln wir den Champion!«

Das Publikum im Saal begleitete diese Entwicklungen mit unzufriedenem Gemurmel. Auch die beiden Rivalen waren höchst unbefriedigt. Die von Masljakow für den Sommer 1998 angekündigte große Entscheidungsschlacht fand nie statt.

Stattdessen trat Krywyj Rih beim Klub-Festival in Sotschi mit einer neuen Formation an. Von »Transyt« waren Selenskyj, Manschosow, Krapow und Krawez dabei, man nannte sich »Truppe KWS aus Krywyj Rih«.

Im Interview in Sotschi berichtete Selenskyj, in Krywyj Rih gäbe es eine eigene KWS-Liga mit bis zu 20 Truppen. »Wir haben den Rahm abgeschöpft, die Besten zu uns geholt, die Gags übernommen. Uns auch selber auf den Hosenboden gesetzt und neue geschrieben. Die Vorbereitungen haben zwei Wochen gedauert. Dann ging's ab nach Sotschi. Beim ersten Durchlauf haben wir uns ziemlich gut geschlagen. Ich war erstaunt, dass wir es ins Galakonzert geschafft haben. Es ging ehrlich zu. Wir sind nämlich arm. Sie werden verstehen, wie ich das meine«, so Selenskyj.

Aleksandr Masljakow hatte echten Gefallen an der Truppe gefunden, und sie standen beim Galakonzert auf der Bühne. Als Selenskyj viele Jahre später Präsident geworden war, sagte Masljakow, in Wolodymyr habe er nicht nur den talentierten Schauspieler gesehen, sondern auch den Organisator, dem es nicht nur gelang, die Truppe aus Krywyj Rih um sich zu scharen, sondern darüber hinaus auch neue Projekte anzuschieben.

In einer der Nummern der Truppe wurde die Rolle des ukrainischen Präsidenten übrigens nicht von Selenskyj gespielt, sondern von Jurij Krapow. Der machte Anstalten, etwas zu sagen, aber niemand verstand, was. Selenskyj kommentierte für das Publikum im Saal: »Das war die ›Neujahrsekeloge‹ (sic!) des Präsidenten an sein Volk« – und belustigte die Anwesenden mit seiner kreativen Wortneuschöpfung.

Es ist nicht anzunehmen, dass Wolodymyr damals schon die Präsidentschaft oder die Neujahrsansprache eines Präsidenten Selenskyj an das ukrainische Volk im Kopf hatte. 1998 in Sotschi wollte er nur eins – in der höchsten Liga des KWS antreten. Gleich nach dem Festival benannte die Truppe sich um in »Kwartal 95«, nach einem Stadtviertel von Krywyj Rih.

Wenige Jahre später war Wolodymyr Selenskyjs Team zu einem der Zugpferde in Masljakows Stall geworden. Allerdings gelang es auch »Kwartal 95« nie, in der höchsten Liga des KWS den Meistertitel zu holen. Das Halbfinale blieb das Ende der Fahnenstange. Zweimal erhielten die Kwartaler den Preis »Kiwin im Licht« beim Festival »Stimme Kiwin«, dreimal erreichte die Truppe das Finale in der ukrainischen Landesliga, bis ihnen das Glück endlich hold war und sie 2001 dort gewannen. Doch ganz egal wann und wo, die Kwartaler traten, wie damals im Meisterschaftswettstreit gegen die Armenier auch, einfach wie Sieger auf. Ihr Frontmann hatte daran keinen geringen Anteil.

Selenskyj erinnert sich, dass »Kwartal 95« gegen Ende der 1990er-Jahre so gut wie das einzige ukrainische Team in der KWS-Liga war. Wobei es als »ukrainisch« zu bezeichnen auch nur teilweise richtig ist, waren doch alle Gags, alle Pointen auf Russland gemünzt. Parodien von Putin und dem Sänger Kirkorow, Witze auf Kosten von Tschubajs und der russischen Fußballnationalmannschaft. Wo es ans Eingemachte ging, war alles auf das russische und den Löwenanteil des ukrainischen Publikums zugeschnitten, der sich in einer von russischen Sendern dominierten Fernsehlandschaft bewegte.

2003 beschlossen Selenskyj und seine Truppe ihren Ausstieg aus dem *Klub der Witzigen und Schlagfertigen.* »Kwartal 95« wollte eigene Sendungen produzieren.

Am Jahresende hatte Selenskyjs Team in Zusammenarbeit mit dem ukrainischen Fernsehsender *Studio 1+1* und der russischen STS fünf Musikshows aufgezeichnet, die 2004 ausgestrahlt werden sollten: die Jubiläumsshow »Oh! Fünf Jahre 95!«, eine Revue mit dem Titel »Die 8. Märzmatrix« (in der Selenskyj als Neo in einer von Rosa Luxemburg programmierten Matrix auftrat), eine Preisverleihungsgala für den »Goldenen Kürbis 2004« und ein Gastspiel in Jalta mit dem Titel »Insel der Mysterien«. Masljakow war über die Kwartaler und die neue Konkurrenz höchst verärgert, versteht sich.

In seinem Interview mit Dmytro Hordon am Vorabend der Präsidentschaftswahl 2019 erklärt Selenskyj die Entscheidung, bei Masljakow auszusteigen, so: »Als unsere Zeit als KWS-Truppe sich schon dem Ende zuneigte, stand ich vor einer Entscheidung: Man hatte mir angeboten, als Redakteur beim KWS zu bleiben, aber dann hätte ich die Truppe auflösen müssen. Für mich war das eine schmerzliche Alternative. Was soll das denn heißen, eine Gruppe von Freunden ›auflösen‹? Was sind sie, Arbeitssklaven? Meine Antwort war: Mich gibt's nicht ohne meine Truppe. Wir gingen nach Kyjiw. Wir drehten die erste Kwartal-Show, als mich einer anrief und sagte, der Oktoberpalast sei geschlossen. Die wollten mich da nicht reinlassen. Ich bin mir nicht sicher, ob da wirklich Masljakow dahintersteckte. Ich habe keinerlei Beweise. Wir haben jedenfalls die Sendung abgedreht. Und das bedeutete uns alles. Raus zu sein aus dem KWS. In ein neues Leben zu starten. Der Fluch war damit gebannt. Wie man so schön sagt. 2010 habe ich mich dann mal mit Masljakow getroffen. Er sagte: ›Ich weiß, dass du in der Ukraine sehr geschätzt wirst. Ich freue mich über deine Erfolge.‹«

Wie dem auch sei, ohne das KWS-Finale 1997 und das Unentschieden zwischen »Transyt« und den »Neuen Armeniern« hätte es die Truppe »Kwartal 95« vielleicht nie gegeben. Wären die Ukrainer damals KWS-Meister geworden, wäre die weitere Karriere der Beteiligten vermutlich ganz anders verlaufen. Das Gefühl, dass da etwas unvollendet in der Luft hing, stachelte Selenskyj und die verbliebenen Mitstreiter und Mitstreiterinnen von »Transyt« an, es einmal richtig an die Spitze zu schaffen und sich dann auf dem Höhepunkt von Masljakow zu verabschieden, dem Erfinder des KWS im seinerzeit noch sowjetischen Fernsehen, der aus dem Format eine wahre Fabrik für ukrainische wie russische Fernsehstars machte, deren bekanntester Wolodymyr Selenskyj ist und wohl auch bleiben wird.

Nach Selenskyjs Sieg bei den Präsidentschaftswahlen wurde Masljakow gefragt, ob er nicht stolz sei, seinen ehemaligen KWS-Zögling nun als Staatsoberhaupt der Ukraine zu sehen. Er antwortete: »Mit diesem Spiel verbinden sich ja die Namen vieler ehrenwerter Leute, die in ihrer Jugend damit zu tun hatten. Aus etlichen ist etwas geworden, sie haben etwas geschafft, sind berühmt geworden. Aber ich muss zugeben, zumindest soweit ich weiß, hat es keiner aus dem ›Klub der Witzigen und Schlagfertigen‹ bisher zum Präsidenten gebracht. Deswegen ist Stolz vielleicht das falsche Wort, es ist eher neugieriges Interesse.« Ein Jahr später, im Mai 2020, befand Masljakow bereits: »Als Schauspieler beim KWS, da war er brillanter, der Wowa Selenskyj.«

Dennoch, es gibt da eine Nummer beim *Klub der Witzigen und Schlagfertigen,* in der Selenskyj als Kapitän von »Kwartal 95« dem mächtigen Produzenten und Moderator Aleksandr Masljakow mit den folgenden Worten eine Glocke anbietet: »Ich bitte Sie, Alexander Wassiljewitsch, nehmen Sie diese magische Glocke. Sollte es Ihnen je schwer ums Herz sein oder Sie sich in einer ausweglosen Situation wiederfinden, dann läuten Sie sie.« »Und dann kommen wir zu Hilfe?«, schrie jemand aus der Truppe. »Nein, aber dann wissen wir, dass sich Aleksandr Wassiljewitsch an uns erinnert.«

Masljakow läutet seine Glocke noch immer.
Er hat Selenskyj nicht vergessen.

Episode 14

RODNJANSKYJ, DER TAUFPATE

Wenn es um Selenskyjs Studio Kwartal 95 und seine TV-Karriere geht, wird ausnahmslos nur ein Name genannt. Nämlich der von Ihor Kolomojskyj, einem der heutigen Miteigentümer des TV-Senders *1+1*. Doch das ist unfair. Denn das große Geschäft von Wolodymyr Selenskyj und seinen Partnern hätte nie ohne den Regisseur und Produzenten Oleksandr Rodnjanskyj begonnen, einen ehemaligen Miteigentümer der *Plus*-Sender. Nur dank ihm entwickelte sich in der Ukraine das erfolgreiche Unterhaltungsgeschäft mit Selenskyj an der Spitze.

Ende der 90er-Jahre war *1+1*, damals im Besitz von Oleksandr Rodnjanskyj und seinem Cousin Borys Fuksman, einer der ersten erfolgreichen TV-Sender im Land. Genau zu jener Zeit, nämlich 1999, wurde die Ukrainische Höhere Liga des »Klubs der Witzigen und Schlagfertigen« gegründet. Geleitet wiederum von Aleksandr Masljakow, fand der Wettbewerb im Kyjiwer Internationalen Zentrum »Oktober« für Kultur und Kunst statt. Die TV-Version wurde auf den *Plus*-Sendern ausgestrahlt. Ukrainische, belarusische und russische Truppen machten mit. Zu den ständigen Teilnehmern gehörte bis 2003 »Kwartal 95«. Und auch zehn Jahre später, bis Ende 2013, bestimmte die Liga noch die Gewinner.

Zwei Mal übrigens, 2000 und 2001, gewann die Truppe »Die drei Fettwanste« aus Chmelnyzkyj die ukrainische Liga des KWS. In dieser Truppe spielten Showman Oleksandr Pedan, Onkel Schora (Wadym Mytschkowskyj) und der aktuelle Präsident der Werchowna Rada, Ruslan Stefantschuk, mit.

Aus der ukrainischen Liga des Klubs kamen auch der Artdirector und Schauspieler der *Diesel-Show* Jehor Krutoholow, Schauspieler Andrij Molotschnyj, Showman und Moderator Maks Nelipa sowie viele andere heute in der Ukraine beliebte Promis.

Aber zurück zu »Kwartal 95«. Ende 2003 beschloss Selenskyjs Truppe, sich selbstständig zu machen. In ebenjenem Zentrum – »Oktober« – wurde pünktlich zum fünfjährigen Jubiläum von »Kwartal« ihre erste TV-Show aufgezeichnet unter dem Titel »Oh! Fünf Jahre 95«, obwohl, wie Selenskyj auf der Bühne scherzte, er bereits seit zehn Jahren beim KWS dabei sei. Die zwei TV-Sender *1+1* (Ukraine) und *STS* (Russland), damals beide geführt von Oleksandr Rodnjanskyj, nahmen die Sendung auf.

Die Show »Oh! Fünf Jahre 95« erinnerte sehr an den *Klub der Witzigen und Schlagfertigen* mit ihren theatralischen Amateurauftritten, bei denen andere verkohlt wurden, der bescheidenen Deko mit der Aufschrift der Wodkamarke »5 krapel« (5 Tropfen), der andauernden Verkündung der Projektsponsoren von der Bühne und den Danksagungen an den damaligen ukrainischen Präsidenten Leonid Kutschma. In der Show traten nicht nur die Kwartaler auf, sondern auch die Schauspieler Sergej Sywocho, Wiktor Andrijenko und Wolodymyr Horjanskyj. Sogar Oleksandr Rodnjanskyj kam auf die Bühne. »Vor fünf Jahren tauchte auf dieser tollen Bühne in der ukrainischen offenen Liga die Truppe ›Kwartal 95‹ aus Krywyj Rih auf«, begann der Produzent von *1+1*, »und damals sahen wir alle Wolodja Selenskyj, Ljena, Jura, Sascha, ›Jusik‹ (Jurij Korjawtschenko). All diese tollen Leute, die von Spiel zu Spiel noch toller wurden, die anderen bezwangen, aber am Ende selbst komplett verspielt hatten. Wissen Sie, heute bin ich sehr froh darüber. Wegen dem, was im folgenden Jahr passiert ist. Warum ich froh bin? Als ich hier saß in der ersten Reihe, sah ich Tränen in den Augen aller, die auf dieser Bühne und in diesem Team spielten. Sie haben wirklich geweint. Da habe ich verstanden, dass das für sie gar kein Spiel ist. Das habe ich heute während dieses Auftritts begriffen. Ich weiß nicht, was daraus in Zukunft wird: Theater oder TV-Programm. Ich kann mir wünschen, was ich will. Denn sie können alles! Ich gratuliere zum Jubiläum! Ich wünsche Ihnen, dass Sie alles, was Sie in diesem Leben bewirken wollen, auch erreichen!«

Natürlich wusste Oleksandr Rodnjanskyj in dem Moment nicht, dass die Show nach einigen Jahren von den *Plus*-Sendern zu *Inter* wechseln und Wolodymyr Selenskyj als Produzent beim Konkurrenzkanal sein Kollege würde. Dass das Phänomen Studio Kwartal 95 in der Ukraine und über ihre Grenzen hinaus schnell an Popularität gewinnen würde. Dass Selenskyjs Truppe nicht nur auf der Bühne, sondern auch bei Firmenanlässen auftreten würde. Zum Beispiel am Tag der Journalisten und Journalistinnen, den Präsident Wiktor Juschtschenkos Mannschaft 2006 im Marienpalast organisiert hatte. Schließlich wusste Rodnjanskyj damals wohl kaum, dass nach etwa sieben Jahren er und Borys Fuksman dazu gedrängt würden, ihre Anteile an *1+1* an den Oligarchen Ihor Kolomojskyj zu verkaufen. Oder dass Selenskyjs Team mit *Abend Kwartal* wieder dorthin zurückkehren würde. Noch viel weniger hätte Rodnjanskyj vorhersehen können, dass Wolodymyr Selenskyj 2019 ukrainischer Präsident werden und der Sohn von Rodnjanskyj zum leitenden Wirtschaftsberater des ukrainischen Ministerkabinetts ernannt würde.

Zugegeben, Rodnjanskyj hatte dennoch einen einzigartigen Riecher für das Erfolgspotenzial von TV-Projekten. Ja, das Ausscheiden von »Kwartal« aus dem *Klub der Witzigen und Schlagfertigen* entzweite die Truppe für immer mit Aleksandr Masljakow, öffnete Selenskyjs Team aber nicht nur Türen im Showbusiness, sondern auch in der Politik. Es wäre unrealistisch, etwas Vergleichbares heute wiederholen zu wollen. Selbst wenn man einen Haufen Geld investieren würde.

Schon nach Selenskyjs Sieg bei den Präsidentschaftswahlen im September 2019 charakterisierte Oleksandr Rodnjanskyj in der Radiosendung »Wilde Hunde« bei *Nowoje wremja* das heutige ukrainische Staatsoberhaupt als »überaus begabten Menschen, der fähig ist, im Team zu arbeiten und klare und präzise Aussagen zu machen«. Außerdem bemerkte er, Selenskyj sei es gelungen, sich innerhalb eines sehr talentierten Teams an die Spitze zu setzen.

»Auf ihn warten furchtbare Tage, Monate und Jahre. Ehrlich gesagt, ist er nicht zu beneiden, und ich bin davon überzeugt, dass die Feindseligkeiten gegen ihn bisher kaum begonnen haben. Doch das kommt noch, und er wird mit schrecklichem Unverständnis konfrontiert werden und vielleicht mit Demütigungen und Beleidigungen. All das steht ihm noch bevor«, prophezeite er 2019 für Selenskyjs Zukunft.

Liegt Rodjnanskyj immer richtig?

Episode 15

DER SKANDAL VON JURMALA

Im Juli 2016 feierte im lettischen Jurmala das Musik- und Comedyfestvial »Made in Ukraine« seine Premiere. Ins Leben gerufen hatten es Wolodymyr Selenskyj und seine Kwartaler. Gemeinsam mit anderen Stars des ukrainischen Showgeschäfts – Tina Karol, Jamala, Olha Poljakowa, Ruslana, Potap »Vrjemjena i Stjeklo« und vielen weiteren unterhielten sie für die Dauer von vier Tagen ihr Publikum im Ostseebad an der Küste Lettlands.

Wolodymyr blieb das Festival nicht so sehr wegen des freundlichen Empfangs durch die Gastgeber in Erinnerung, sondern vielmehr wegen des Skandals, den die Truppe von Studio Kwartal 95 in Jurmala auslöste. In seiner Parodie von Präsident Petro Poroschenko verglich Selenskyj nämlich die Ukraine mit einer Pornodarstellerin. Er riss ein paar abgeschmackte Witze über die Kredite, die sein Land in aller Welt ständig einfordere, und rundete sie dann mit der Aussage ab: »Die Ukraine ist wie eine Darstellerin in einem deutschen Porno. Kriegt nie genug und am liebsten von allen Seiten.« In Jurmala erntete er mit diesem Spruch Gelächter. Wenngleich vielleicht auch nur als eine Art Abwehrreaktion auf die Peinlichkeit der Situation, dass da ein beliebter ukrainischer Darsteller einen so schwachen Witz auf Kosten seines eigenen Landes reißt. Selenskyj selbst schien sich dabei jedoch nicht unbehaglich zu fühlen.

Erst zwei Monate später kochte der Skandal in der Ukraine hoch. Dem Auftritt in Jurmala hätte man möglicherweise keine große Aufmerksamkeit geschenkt, doch er landete in den sozialen Netzwerken. Die Leute waren außer sich. »Billiger Clown«,

»Schande und Demütigung«, »verfluchter Hund, schäm dich«, »ihr käuflichen Huren« – das waren noch die freundlichsten Kommentare an die Adresse von Studio Kwartal 95 und seinem Frontmann. Man rief den Kwartalern auch ihre Scherze über die »Gummiknüppel« zu Zeiten der Revolution der Würde in Erinnerung, auf die später noch näher eingegangen wird, sowie ihren lukrativen Filmverleih in der Russischen Föderation und die Fördergelder aus dem russischen Staatshaushalt.

Der bekannte Fernsehjournalist Witalij Portnikow stufte Selenskyjs Scherz als Produkt des zeitgenössischen »Sinns für Humor« im Land ein – »billig, geschmacklos, spießig und beschränkt«: »Wenn Leute Vulgäres komisch finden, muss ihnen klar sein, dass Vulgarität weder die Kategorie des Werts noch der moralischen Grenze kennt. Es ist schon verblüffend, dass jenes Volk, das der Welt einen Gogol schenkte und auf dessen Erde so viele der besten Satiriker und Humoristen des 20. Jahrhunderts geboren wurden, von Scholem Alejchem bis Ostap Vyschnyj, von Berezyn bis Tymoschenko, Iltschenko und Karzew, jetzt also über einen Selenskyj lacht«, so brachte es Portnikow auf den Punkt.

Wolodymyr Selenskyj sah sich gezwungen, auf seiner Facebook-Seite auf die vielen Anschuldigungen zu reagieren. Er verkündete, der Scherz, der diese erhitzte Debatte ausgelöst habe, sei tatsächlich weder zwei- noch vieldeutig: »Was er transportiert, ist ganz einfach das: Es reicht mit diesen Krediten, für die unsere Kinder und Kindeskinder und Nachfahren werden geradestehen müssen, geradestehen für das, was wir verbocken. Wir sind eine stolze Nation und keine Bettler. Das ist alles. Darüber hinaus gibt es keine Bedeutung. Das war ein Scherz über unsere Anführer, über die an der Macht, nicht über die Leute oder unser Land. Es muss also niemand hier den Kulturarchäologen spielen und in den Tiefen der Arbeit von Kwartal irgendwas zutage fördern wollen, was da nicht ist und auch niemals sein wird. Wir lieben unser Land und kämpfen für seine Freiheit, für die Freiheit des Wortes und der Gedanken, mit jeder Sendung, mit jeder Sekunde. Nicht alles im Leben ist aalglatt, Leute, es ist nicht leicht, aber bitte fallt nicht rein auf diesen politischen Bullshit, der jetzt im Auftrag von kleingeistigen und käuflichen Menschen gedruckt wird. Die man eigentlich kaum Menschen nennen kann. Da steht ihr doch drüber. Wir stehen da drüber. Lasst euch von dieser Lüge nicht aufs Glatteis führen und die Beine wegziehen. Wer euch jetzt Drecksäcke nennt, ist entweder selber einer oder giert nur nach unserer Aufmerksamkeit. Wer euch Schlampen nennt, ist entweder oberflächlich oder selbst eine Marionette in jemandes fetten Händen. Wir sind Kwartal! Wir sind Patrioten! Und wer sind die? Uns kennt ihr schon seit 20 Jahren! Also doch nicht erst seit gestern, oder?«, so schrieb Selenskyj spürbar aufgewühlt.

Nach dem Skandal von Jurmala zog Studio Kwartal 95 seine Teilnahme an einem Pitch bei der Staatlichen Filmförderung der Ukraine um die Summe von insgesamt 50 Millionen Hrywnja zurück. Mit diesem Geld hätten Selenskyj und sein Team eine Spielfilmversion von *Diener des Volkes* und den Zeichentrickfilm *Gullivers Rückkehr* realisieren wollen.

Die beiden Projekte wurden auf Eis gelegt. Gleichzeitig kam im September 2016 ans Tageslicht, dass der Streifen *Die acht besten Dates* eine ukrainisch-russische Koproduktion gewesen war. Als der Film in den Verleih ging, hatte Studio Kwartal 95 diese Tatsache für sich behalten.

Der Skandal von Jurmala legte offen, welchen Einfluss die Worte der Kwartaler und ihres Frontmanns Selenskyj auf die ukrainische Politik hatten. Wer weiß, vielleicht reichte diese eine Episode schon aus, um Selenskyj zu motivieren, nach dem Präsidentenamt zu greifen. Auf der Showbühne jedenfalls schien die

Macht mehr und mehr in Reichweite zu sein. Und sicher war ihm klar, dass eine neue Stufe erreicht war, wenn, was er sagte oder tat, nicht länger mehr nur Hunderttausende erreichte, sondern Millionen Ukrainer und Ukrainerinnen zu beeinflussen vermochte.

Episode 16

DER CLAN »KWARTAL 95«

»Nein zu Vetternwirtschaft und der Vergabe von Posten an Freunde!« Mit diesem Slogan ging Wolodymyr Selenskyj 2019 in die Präsidentschaftswahl. Er glaubte, dass sein Hauptgegner Petro Poroschenko Schaden nehmen könnte, weil er Regierungsbefugnisse an Verwandte und Freunde vergeben hatte. Die Präsenz seines Armeekameraden Ihor Kononenko und seines früheren Geschäftspartners Oleh Hladkowskyj im Gefolge des fünften Präsidenten kam Poroschenko tatsächlich sehr teuer zu stehen. Seine »lieben Freunde« machten ihn im Wahlkampffinale verwundbar. Poroschenko hatte dagegen geglaubt, nichts verbergen zu müssen.

Selenskyj schwor und beteuerte, nach seinem Amtsantritt werde es keinerlei Klüngel und Freunde in der Staatsführung geben. Nur transparente Ausschreibungen, nur sozialer Aufstieg, nur die Besten und Talentiertesten an der Macht.

Als Artdirector von Studio Kwartal 95 hatte er 2017 noch ziemlich scharf den Inlandsgeheimdienst kritisiert und den Versuch, die Serie *Heiratsvermittler* zu verbieten. Einer der Schauspieler der Serie war auf der Krym aufgetreten, was nach deren Annexion durch Russland auf Kritik stieß.

Im April 2019, nun schon als Präsidentschaftskandidat, versprach Selenskyj den Journalisten und Journalistinnen der Sendung *Machenschaften:* »Keine Sorge. Vetternwirtschaft wird es bei mir nicht geben!« Aber daraus wurde nichts.

Schon einen Monat nach seinem Wahlsieg ernannte Selenskyj seinen Kindheitsfreund und Geschäftspartner Iwan Bakanow erst zum Stellvertretenden Leiter und später zum Chef des ukrainischen Sicherheitsdienstes. Ins Büro des Präsidenten und in die Werchowna Rada berief er Vertreter der Künstlerzunft von Studio Kwartal 95. Und weitere Personen aus Selenskyjs Netzwerk tauchten an den Schaltstellen der Macht auf: der Leiter des Präsidentenbüros Andrij Jermak und einer der Fraktionsvorsitzenden von »Diener des Volkes«, Mykola Tyschtschenko.

Kurz gesagt hielt Selenskyj sein vor der Wahl gegebenes Versprechen nicht ein. Innerhalb eines Jahres nach seiner Wahl zum Präsidenten war der Clan von Poroschenko durch den Clan von Selenskyj, genauer gesagt von Studio Kwartal 95, ersetzt worden.

Der ehemalige Generalstaatsanwalt der Ukraine, Ruslan Rjaboschapka, erzählte mir, wie Wolodymyr Selenskyj seinerzeit den Juristen von Studio Kwartal 95, Serhij Ionuschys, zu seinem ersten Stellvertreter berufen wollte.

»Die Diskussion war sehr lang und schwierig. Schließlich wurde er aber doch nicht mein erster Stellvertreter. Es gab viele Wünsche von Personen, die dem Präsidenten nahestanden. Sie wollten ihre Leute in den Organen der Staatsanwaltschaft auf Ebene des Stellvertretenden Generalstaatsanwalts und auf Ebene der Oblaste, was ebenfalls nicht gelang. Außerdem gab es viele Leute, die zum Präsidenten kamen und ihm andere Ansichten über unsere Tätigkeit einflüsterten. Tatsächlich beeinflussten die vielen Feinde hinter den Kulissen Selenskyjs Meinung über das, was wir in der Staatsanwaltschaft tun: Geändert hat sich seine Wahrnehmung dessen, was wir tun, und überhaupt dessen, was im Land passiert«, erinnert sich Rjaboschapka.

Und so sah der Clan von Selenskyj nach seiner Wahl zum Präsidenten aus:

- Wolodymyr Selenskyj, Präsident der Ukraine, ehemaliger Artdirector von Studio Kwartal 95
- Iwan Bakanow, Leiter des Sicherheitsdiensts der Ukraine, Kindheitsfreund von Selenskyj, ehemals Gründer der Kwartal 95 GmbH
- Iryna Borsowa, Parlamentsabgeordnete, Fraktion »Diener des Volkes«, Vater Naum Borulja war Selenskyjs Partner in der »Liga des Lachens«
- Serhij Borsow, Ehemann von Iryna Borsowa, früherer Leiter der Unterstützenden Staatsverwaltung, Leiter der Oblast Wynnyzja
- Waldyslaw Bucharjew, Berater des Innenministeriums, langjähriger Freund Wolodymyr Selenskyjs, einstiger Leiter des ukrainischen Auslandsgeheimdienstes und einstiger Erster Stellvertreter des Leiters des Inlandsgeheimdienstes
- Wolodymyr Woronow, Parlamentsabgeordneter, Mitarbeiter des Unternehmens Kwartal-Konzert
- Oleksandr Hohilaschwili, Bekannter Selenskyjs, war Stellvertreter des Innenministers
- Roman Hryschtschuk, Parlamentsabgeordneter, früherer Leiter des Studios Mamachochotala
- Oleksandr Sawitnewytsch, Parlamentsabgeordneter von »Diener des Volkes«, Leiter des Ausschusses der Werchowna Rada für Fragen der nationalen Sicherheit, Verteidigung und Nachrichtendienste, Ehemann von Natalija Sawitnewytsch, einer Klassenkameradin von Selenskyj
- Andrij Jermak, Leiter des Büros des Präsidenten (die Anwaltskanzlei Jermaks hatte für Studio Kwartal 95 gearbeitet)
- Oleksandr Kabanow, Parlamentsabgeordneter der Partei »Diener des Volkes«, ehemaliger Drehbuchautor von Studio Kwartal 95

- Oleksandr Katschura, Parlamentsabgeordneter der Partei »Diener des Volkes« (die Anwaltskanzlei Katschuras arbeitete für Studio Kwartal 95)
- Wolodymyr Kijaschko, Vater von Olena Selenska, leitete früher die Kryworischmonolitbud GmbH und Technoimpuls GmbH, Assistent des Parlamentsabgeordneten Oleh Bondarenko auf freiwilliger Basis
- Jurij Korjawtschenkow, Parlamentsabgeordneter der Partei »Diener des Volkes«, ehemaliger Schauspieler und ehemaliger administrativer Leiter von Studio Kwartal 95
- Jurij Kostjuk, Stellvertretender Leiter des Büros des Präsidenten, ehemaliger Creative Producer und Drehbuchautor von Studio Kwartal 95
- Ihor Krywoschejew, Parlamentsabgeordneter, Showman, früher einer der Spieler bei der »Liga des Lachens«
- Oleksandr Paschkow, Leiter der Abteilung strategischer Nachrichtendienst GUR des Verteidigungsministeriums, Ehemann der Chefbuchhalterin von Studio Kwartal 95
- Iryna Pobjedonoszewa, Chefberaterin der Direktion für Fragen der Informationspolitik in der Präsidialverwaltung der Ukraine, frühere Entwicklungsleiterin von Studio Kwartal 95
- Olha Rudenko, Parlamentsabgeordnete der Partei »Diener des Volkes«, Ex-Mitarbeiterin des Pressedienstes von Studio Kwartal 95
- Tetjana Rudenko, Mitglied des Nationalrats für Fernsehen und Rundfunk, ehemalige Leiterin des Pressedienstes von Studio Kwartal 95
- Sergej Sywocho, früherer Creative Producer von Studio Kwartal 95, Ex-Berater des Sekretärs des Nationalen Sicherheits- und Verteidigungsrats

- Oleksandr Skitschko, Leiter der Oblast Tscherkassy, ehemaliger Schauspieler und Showman
- Walerij Sternijtschuk, Parlamentsabgeordneter, früherer Leiter der studentischen »Liga des Lachens« in Wolhynien
- Ruslan Stefantschuk, Parlamentssprecher, Freund von Wolodymyr Selenskyj aus der Zeit des »Klubs der Witzigen und Schlagfertigen«, Mitglied der »Drei Fettwanste«
- Mykola Stefantschuk, Bruder des Parlamentssprechers, Parlamentsabgeordneter von der Partei »Diener des Volkes«
- Mykola Tyschtschenko, Parlamentsabgeordneter von der Partei »Diener des Volkes«, Protektor von Andrij Jermak und langjähriger Freund Selenskyjs
- Maksym Tkatschenko, Parlamentsabgeordneter, Berater des Sekretärs des Nationalen Sicherheits- und Verteidigungsrats, früherer Geschäftsführer des Unternehmens Kwartal-Konzert
- Olena Chomenko, Parlamentsabgeordnete, ehemalige Verwaltungsleiterin und Leiterin Digitalprodukte von Studio Kwartal 95
- Serhij Schefir, erster Assistent des ukrainischen Präsidenten, Geschäftspartner Selenskyjs bei Studio Kwartal 95

Natürlich könnte man einwenden, dass Präsident Selenskyj seitens der Gesellschaft großes Vertrauen genießt und er allein deshalb seine Mitarbeiter frei wählen kann. Teilweise stimmt das. Aber weshalb dann lauter Kumpel, Verwandte, Geschäftspartner? Warum hat ein Absolvent der »Liga des Lachens« oder jemand vom KWS einen Vorteil gegenüber einem Yale- oder Harvard-Absolventen? Wo ist die versprochene Gleichheit der Chancen und Aufstiegsmöglichkeiten?

Das sind rein rhetorische Fragen. Zumindest solange Selenskyj in der Ukraine praktisch die absolute Macht besitzt.

Der Clan.
Die Geschäftspartnerinnen und -partner.
Die Protektoren.
Die Freunde.

Der Weg Selenskyjs erinnert an den Pfad, den seine Vorgänger beschritten haben. Mit allen entsprechenden Risiken und Nebenwirkungen.

Episode 17

VON KADYROW AUF DIE PROBE GESTELLT

Wolodymyr Selenskyj führte durchs Programm, als die Kwartaler am 6. Oktober 2014 vorhatten, in ihrer Nachrichtenshow »Tschysto NEWS«, zu Deutsch »Nichts als NEWS«, Ramsan Kadyrow aufs Korn zu nehmen.

Selenskyj kündigte einen Nachrichtenbeitrag an, worin, wie er sagte, der Führer der Republik Tschetschenien auf den Sturz der Leninstatue in Charkiw reagiert. »Lenin haben die gestürzt. 80 Jahre haben wir gelebt, aber so was hat es noch nie gegeben. Diese Bandera-Faschisten«, sagt eine Stimme, im Bild vergießt Kadyrow dazu Tränen. Studio Kwartal 95 nutzte die Tonaufnahme eines Rentners für diesen Clip, der beim Anblick des gestürzten Charkiwer Lenin in echt geweint hatte.

Dieser 19-Sekunden-Scherz sollte Wolodymyr Selenskyj sehr teuer zu stehen kommen. Nach der Ausstrahlung forderte der tschetschenische Kadyrow-Clan eine Entschuldigung bei Ramsan persönlich, denn das Video war, wie sich herausstellte, bei einem Gedenkgebet für den 2004 verstorbenen Vater des tschetschenischen Präsidenten entstanden. Schasmail Saralijew, ein Abgeordneter der russischen Staatsduma, riet Wolodymyr Selenskyj, »sich schon mal ins Grab zu legen«.

Selenskyj musste sich schleunigst in aller Form und öffentlich entschuldigen und tat dies auch am 9. Oktober, gleichwohl nicht bei Kadyrow, sondern bei der gesamten muslimischen Welt. »Ich wusste ehrlich nicht, dass dieses Video etwas mit einem Todesfall zu tun hatte. Diese Information lag uns nicht vor. Ganz egal, um welchen Politiker es geht, um Herrn Kadyrow, Herrn Putin oder Herrn Poroschenko, über so etwas macht man keine Witze. Ich habe es ja schon gesagt: Wenn das so stimmt, dann vergeben Sie mir. Und selbst wenn es kein Begräbnis war, sondern ein heiliges muslimisches Gedenkritual – ich respektiere alle Religionen, über etwas Heiliges würde ich mich nicht lustig machen. Darum noch einmal: Ich entschuldige mich bei allen, die ich beleidigt habe, bei allen muslimischen Gläubigen«, so Selenskyj damals.

Später allerdings präzisierte er, er habe sich ausdrücklich nicht bei Ramsan Kadyrow persönlich entschuldigt.

Anderen Quellen zufolge soll sich Selenskyj aber sehr wohl darum bemüht haben, den Konflikt mit dem tschetschenischen Staatschef beizulegen, und dazu das Innenministerium um Hilfe gebeten haben. Gespräche wurden zwischen ukrainischen und tschetschenischen Offiziellen anberaumt, bei denen alles auf den Tisch kam. Man einigte sich darauf, dass Selenskyj nach Tschetschenien fliegen sollte, gemeinsam mit Jurij Jerynjak, der Kontakte in die Unterwelt unterhielt. Doch der Artdirector von Studio Kwartal 95 ist niemals nach Grozny gereist. Jerynjak musste sich allein beim Kadyrow-Clan entschuldigen. Zur selben Zeit, es war Dezember 2014, flog in der Nähe des Ukraine-Palasts eine selbst gebastelte Brandbombe in einen Geländewagen, der Selenskyj gehörte. Der Kwartal-Frontmann äußerte sich zu diesem Anschlag nicht.

Selenskyjs Frau Olena aber erzählte vor Journalisten später, sie hätten wegen der andauernden Drohungen des Kadyrow-Clans gegenüber ihrem Mann Personenschützer einstellen müssen. »Bis heute wissen wir nicht, ob die Gefahr echt war oder ob es nicht vielmehr Polizisten waren, die uns Angst einjagen wollten mit Storys über angeblich in Kyjiw befindliche tschetschenische Killer, die es auf uns abgesehen hätten«, so erzählte Olena Selenska im Interview mit *The Daily Beast* im Mai 2019.

Tatsächlich ließ Ramsan Kadyrow in ebenjenem Dezember 2014 die Strafverfolgungsbehörden sowie Spezialkräfte seiner Republik Ermittlungen gegen die ukrainischen Parlamentsabgeordneten Jurij Beresa, Ihor Mosijtschuk und Andrij Lewus wegen ihrer Kommentare zu den Ereignissen in Grozny einleiten. Gemeint waren die Ereignisse in der tschetschenischen Hauptstadt am 5. Dezember 2014, als Itschkeri-Kämpfer – tschetschenische Separatisten, die für ein unabhängiges Itschkerien kämpfen – 70 Angehörige der Kadyrow-Truppen getötet hatten. Und er ging noch weiter und ordnete an, die drei sollten verhaftet und nach Tschetschenien überstellt werden. Nach den Drohungen des tschetschenischen Präsidenten gegen die ukrainischen Parlamentarier nahm das ukrainische Innenministerium die Sache in die Hand und leitete ein strafrechtliches Ermittlungsverfahren ein.

Doch wer glaubt, die Geschichte zwischen Ramsan Kadyrow und Wolodymyr Selenskyj sei damit zu Ende gewesen, der irrt.

Im Dezember 2018, eine Woche bevor Selenskyj seine Präsidentschaftskandidatur publik machte, erinnerte ihn Dmytro Hordon im Interview an die Entschuldigung bei Kadyrow. Selenskyj erinnerte die Vorfälle von 2014 dann so:

»In unserer Sendung gab es diesen Videoclip, den ich zuvor gar nicht gesehen hatte, ich kümmerte mich damals nicht um die Sendung, ein anderes Autorenteam arbeitete daran. Der Beitrag sollte erst auch gar nicht nur über ihn gehen, es war ein Zusammenschnitt, der Clip mit dem weinenden Kadyrow war erst nur Teil einer Sequenz. Man hat mich damals angerufen, nach dem Motto, was ich davon hielte und wie wohl die muslimische Welt reagieren würde? Ich antwortete, das könne ich nicht sagen, weil ich nicht wisse, worum es geht, und dass ich mir die Sache ansehen würde. Religion ist ja nun mal ein sensibles Thema ...«

Am 19. Juli 2020 postete der tschetschenische Präsident Selenskyjs Einlassungen auf seinem Telegram-Kanal und rief ihn erneut auf, sich bei ihm zu entschuldigen.

»Ich kannte Selenskyj einst als jemanden, der die Größe hatte, um Verzeihung zu bitten, wenn er Schuld auf sich geladen hatte. Wie es eines Mannes würdig ist. Warum dann jetzt, nach der bereits angenommenen Entschuldigung, dieses Sich-Winden und Abstreiten und Ausweichen? Jetzt, da Sie die Würde des Präsidenten der Ukraine tragen, müssen Sie wohl immer neue Ausreden erfinden. Sie müssen jetzt Position beziehen, dazu stehen und Ihre Entschuldigung bekräftigen. Tun Sie das nicht, werde ich Sie persönlich zur Verantwortung ziehen, nicht als Staatschef, sondern als Sohn des Ersten Präsidenten Tschetscheniens, des Helden Russlands Achmat-Hadji Kadyrow, dessen Andenken Sie beleidigt haben!«, schrieb Kadyrow. Und fragte Selenskyj noch, warum er eigentlich nicht Putin anrufe und ankündige, den »Bürgerkrieg im Osten« zu beenden. Doppelt nachtreten hält länger.

Das Büro des Präsidenten der Ukraine ließ verlautbaren, die Äußerungen des tschetschenischen Präsidenten zu kommentieren oder zu beantworten habe keinen Sinn.

Am 14. Februar 2022 wandte sich Ramsan Kadyrow erneut öffentlich an Wolodymyr Selenskyj und rief ihn dazu auf, das Minsker Abkommen zu erfüllen. So könne die Ukraine, meinte Kadyrow, einen Krieg mit Russland verhindern. Selenskyj ignorierte Kadyrows Appell. Seit Beginn der Kampfhandlungen auf ukrainischem Boden haben die ukrainischen Sicherheitskräfte wiederholt öffentlich bestätigt, dass es die Kadyrow-Milizen waren, die die Ausführung von Anschlägen auf Selenskyjs Leben übernommen hatten, dass sie jedoch vor Kyjiw gestoppt und ausgeschaltet werden konnten. Ihr Anführer, Tschetscheniens Präsident Ramsan Kadyrow, rief Selenskyj auch dazu auf, die Präsidentenwürde niederzulegen und dem früheren Staatsoberhaupt Wiktor Janukowytsch zurückzugeben, der im Februar 2014 nach Russland geflohen war.

Episode 18

DIE GUMMIKNÜPPEL

Im Winter 2013/14 machte Studio Kwartal 95 bei seinen Shows viele Witze über das Thema Majdan. In der Neujahrsshow machte sich Selenskyjs Truppe über Janukowytsch und seinen Ministerpräsidenten Asarow lustig, sie beleidigten die Demonstrierenden und verspotteten die Oppositionsführer. Die Kwartaler waren sicher, das Land würde, genau wie sie, die Demokratie von der Straße nicht akzeptieren. Andernfalls wäre wohl kaum der Witz über die Gummiknüppel aufgetaucht, an den sich Wolodymyr bis heute erinnert. Wie könnte man auch vergessen, dass während der Revolution der Würde mitten in der ukrainischen Hauptstadt Menschen zusammengeschlagen und getötet wurden und gleichzeitig bei Kwartal Jewhen Koschowyj in der Rolle des ehemaligen Kyjiwer Bürgermeisters Leonid Tschernowezkyj und Oleksandr Pikalow als Wiktor Janukowytsch über die Gewalt auf dem Majdan Witze rissen.

Koschowyj: »Wiktor Fedorowytsch, ich habe eine physikalische Frage: Wenn man den Berkut-Leuten Gummiknüppel gibt und die Demonstrierenden Wollkleidung tragen, können wir dann Elektrizität erzeugen?«

Wolodymyr Selenskyj und seine Truppe standen sowohl 2004 als auch 2014 dem Majdan distanziert gegenüber. Die meisten Mitglieder von Studio Kwartal 95 waren nämlich in Krywyj Rih oder der Ostukraine aufgewachsen. Die Topleute der Truppe hatten ihre Karrieren in Moskau gestartet. Für sie stellte sich nie die Frage nach Sprache, Glaube oder Identität. Natürlich nahm keiner der Kwartaler an einer der Majdan-Bewegungen teil. Außerdem hatten sie sich bis dahin unter den verschiedenen Machthabern stets wohlgefühlt: unter Kutschma, Juschtschenko und Janukowytsch. Nichts Persönliches, wie man so sagt, sondern rein geschäftlich.

Im Frühjahr 2014, als Russland schon die Krym annektiert hatte und im Osten prorussische Kundgebungen inspirierte, tourte Studio Kwartal 95 durch den Donbas. Am 17. April, genau an dem Tag, als in Horliwka der Abgeordnete des Stadtrats Wolodymyr Rybak von prorussischen Kräften entführt und grausam ermordet wurde, trat die Truppe von Selenskyj dort auf. Ja, wirklich. Auch wenn man im Internet kein einziges Video dieser Show mehr findet (offenbar wurde da während der Präsidentschaftswahlen 2019 aufgeräumt), das dies bestätigen würde, gibt es doch noch Zeugen des Ereignisses.

An jenem Tag gaben Jewhen Koschowyj und Wolodymyr Selenskyj einem lokalen TV-Sender ein Interview. Das Gespräch begann mit der Frage: »Hatten Sie keine Angst, während der unruhigen Lage heute in den Osten zu fahren?« Darauf antwortete Selenskyj, die Truppe habe gar nicht daran gedacht, den Auftritt zu verschieben, denn die Zuschauer hätten sie schließlich erwartet. Und er ergänzte: »Was wir jetzt für die Ukraine Gutes tun können, ist maximalen Druck zur Einigung des Landes auszuüben und die aktuelle Regierung maximal zu erschüttern, damit die Politiker ihre Arbeit tun und das Land und seine Grenzen schützen. Das ist sehr wichtig.«

Also noch mal:

An dem Tag, an dem prorussische Kräfte in Horliwka Rybak brutal ermordeten, redete Selenskyj weiter über die Einigung des Landes und die Notwendigkeit, die ukrainische Regierung möglichst tief zu erschüttern.

Fünf Jahre später, am 19. April 2019, erinnerte Olena, die Witwe von Wolodymyr Rybak, Selenskyj an Horliwka. Auf ihrer

Facebook-Seite schrieb sie darüber, wie nur 500 Meter vom Ort der Entführung ihres Mannes entfernt die Show von Kwartal stattgefunden hatte.

»Meinen Mann ›nahmen sie mit‹, in der Nähe des Konzertsaals, wo er vielleicht hätte versuchen können, in der Menge unterzutauchen. Doch das gelang ihm nicht. Mein Mann riskierte sein, mein und das Leben unserer Kinder. Die 95er kamen, um die Regierung zu ›erschüttern‹. Als hätten nicht die Separatisten sie schon zwei Monate lang erschüttert, mussten noch die 95er aufspringen. Sie sangen ein Lied über die Krym. Der Donbas schnaubte dazu, sie traten gegen Kyjiw auf, Kyjiw war die Krym weggenommen worden, und der Donbas ging und geht weiter Richtung Krym. Im Grunde haben die 95er die ukrainischen Machthaber verspottet, insbesondere Witalij W. Klytschko, der die Ukraine oft gerühmt hat und dessen Name schon jetzt in die Geschichtsbücher eingeschrieben ist. Und was haben Sie für die Ukraine getan, Herr Selenskyj? Shows gemacht für die Soldaten? Na ja, das ist ja auch sicherer, als selbst zu dienen … Ich habe eine Frage: Wie haben Sie überhaupt die Genehmigung für die Show in Horliwka am 17. April 2014 erhalten, als alle proukrainischen Bürger und Bürgerinnen sich versteckt haben und aus der Stadt geflohen sind?«, fragte Olena Rybak Selenskyj. Sie erwartete darauf keine Antwort.

Nach der Tournee mit den Gummiknüppeln waren die Städte im Donbas bereits zur Hälfte erobert, und mit dem Beginn der russischen Aggression begriff die Truppe von Selenskyj, dass sie so nicht weiter durchkommen würde. Sie musste sich entscheiden, auf welcher Seite sie steht. Shows für ukrainische Soldaten an der Front und die freiwillige Unterstützung der Armee zogen einen Schlussstrich unter die »Sowohl-als-auch«-Position von »Kwartal 95«. Auf diese Weise wenigstens entschuldigten sich die Kwartaler für ihre ungeschickten Witze über ukrainische Patrioten. Obgleich Selenskyj die Gummiknüppel seither kaum vergessen kann. Schließlich erinnern ihn seine Gegner immer wieder an diese Geschichte.

Episode 19

SELENSKYJS DOUBLE

Am 9. Oktober 2018 tauchte in Wolodymyr Selenskyjs Wahlkampfstab Spindoktor Dmytro Rasumkow auf. Ironie des Schicksals, hatte er doch noch ein halbes Jahr zuvor öffentlich angezweifelt, dass ein »Phänomen Macron«, also der Sieg eines Kandidaten ohne robuste Unterstützerkreise und ohne eine landesweit operierende Partei, in der Ukraine je denkbar wäre.

Roman Bessmertnyj, ein erfahrener Politiker und selbst Teilnehmer der Vorwahlen zur Präsidentschaftskandidatur, war hingegen davon überzeugt, dass der ukrainische Staat auf seinen Macron geradezu wartete. Darüber ließ er sich 2018 und 2019 bei mehreren Anlässen im Fernsehen aus.

»Warum ich noch während Poroschenkos Präsidentschaft von Macron und einem ukrainischen Macronismus gesprochen habe? Der Anlass war ja nicht meine Hellseherei oder Zauberei oder ein prophetisches Gespür, sondern Poroschenkos eigenes Handeln. Momentan, vor dem Hintergrund der ›Heldentaten‹ von Selenskyj und seinen Leuten, tendieren wir dazu zu verdrängen, was damals war, und dem kein Gewicht mehr beizumessen. Ich bin aber nach wie vor felsenfest überzeugt, dass die Phase nach Janukowytsch und dann die Politik Poroschenkos dieses Phänomen, welches ich unter dem Namen ›Macron‹ zu fassen versucht habe, geradezu heraufbeschworen haben.

Die bekannte, gesellschaftlich präsente Persönlichkeit ist nur die Oberfläche, eigentlich bedient sie das Verlangen, das politische System zu sprengen. Das ist genau das, was geschieht. Macron gehörte keiner politischen Partei an. Mehr noch, er lavierte zwischen den politischen Lagern und Kräften und brachte dabei faktisch das politische System in seiner bis dahin bekannten Form zur Strecke. Selenskyj tat genau dasselbe. Er hat das politische System faktisch zerstört. Allerdings … Warum liegt Selenskyj da doch auf einer leicht anderen Linie? Macron kam als Mann des Systems in einen Staat mit starken Institutionen. Institutionen einer demokratischen Gesellschaft, eines Staates, die stark und gefestigt waren. Unter den in der Ukraine herrschenden Bedingungen war es das Handeln des fünften Präsidenten, das eine derartige Figur notwendig machte. Keine Frage, es war Petro Poroschenko durchaus ernst damit, bestimmte Institutionen abzuschaffen, andere umzuorganisieren. Was da neu geschaffen wurde, ist aber nicht immer in der Lage zu liefern. Nehmen wir als Beispiel die Generalstaatsanwaltschaft, die komplett impotent gemacht worden ist – an ihrer statt gibt es jetzt alles Mögliche, das Staatliche Ermittlungsbüro, die Nationale Agentur für Korruptionsprävention, das Nationale Antikorruptionsbüro, das Antikorruptionsgericht und wie sie alle heißen, und nichts davon ist wirklich funktionstüchtig.

Auch sind Macrons Ansichten, seine Positionen und seine Philosophie nicht die von Emmanuel Macron alleine. Hinter seiner Politik steht vielmehr ein Kreis von Wissenschaftlerinnen und Wissenschaftlern, eine ernsthafte nationale Philosophie, basierend auf ökonomischen, staatstheoretischen, politischen Paradigmen. Es war allzu deutlich, dass die Ukraine auch einer solchen Vorgehensweise bedurfte. Aber leider ist Selenskyj nicht Macron, nicht persönlich und ganz sicher nicht von seinem Umfeld her«, so sinnierte Bessmertnyj.

Doch zurück zu Rasumkow. Hatte er im April 2018 noch deutlich falschgelegen mit seinen Prognosen bezüglich eines ukrainischen Macron, so zog er im Oktober 2018 das große Los und wurde das Gesicht von Wolodymyr Selenskyjs Präsidentschaftskampagne.

Rasumkow selbst behauptet, er sei über Iwan Bakanow ins Team des künftigen sechsten Präsidenten der Ukraine gelangt. Abgelaufen sei es ungefähr so: Dmytro und Iwan hatten gemeinsame Bekannte, die die beiden miteinander vernetzten. Es folgte die Bekanntschaft mit Selenskyj, und keine zwei Tage später – arbeitete Rasumkow mit in Selenskyjs Stab. Dabei wird es wohl kaum so einfach gewesen sein, wie Dmytro Rasumkow glauben machen möchte. Zumal man ihn ja in der ukrainischen politischen Landschaft nicht gerade als einen unbekannten Zufallstreffer bezeichnen kann. Rasumkow ist der Sohn von Oleksandr Rasumkow, des Ersten Beraters des ehemaligen ukrainischen Präsidenten Leonid Kutschma. Allein sein Name dürfte eine politische Karriere schon vorgezeichnet haben, denn von denen, die seinen Vater kannten, ist die Mehrheit noch immer in der ukrainischen politischen Landschaft aktiv.

Oleksandr Rasumkow war eine der einflussreichsten und prominentesten Figuren der Ära Kutschma. Er hatte an der Kyjiwer Taras-Schewtschenko-Universität Internationale Beziehungen studiert und seine politische Karriere in der Oblast Dnipropetrowsk (heute Dnipro) als Regionalsekretär des Komsomol begonnen, wo er Bekanntschaft mit Serhij Tihipko machte. (Oleksandr Turtschynow, der ehemalige Parlamentspräsident, der nach Janukowytschs Absetzung 2014 kurz als Übergangspräsident fungierte, hatte seine Karriere übrigens ebenfalls dort begonnen.) Es folgten Posten im Zentralkomitee des Leninistisch-Kommunistischen Jugendverbandes der Ukraine und in der Jugendkommission der Werchowna Rada. 1994 kam Rasumkow senior dann in den Wahlkampfstab des damaligen Präsidentschaftskandidaten Kutschma und wurde nach dessen Wahlsieg sein Erster Berater.

Dieses Amt bekleidete er allerdings nicht lange, Konflikte mit Präsidialamtsleiter Dmytro Tabatschnyk führten zu seinem Rücktritt. Rasumkow gründete mit dem »Ukrainischen Zentrum für politische und ökonomische Forschung« sein eigenes Forschungsinstitut und wurde später als Stellvertretender Sekretär des Nationalen Sicherheits- und Verteidigungsrates mit der Ausgestaltung der ukrainisch-russischen bilateralen Beziehungen betraut. Serhij Tihipko hatte es dann übrigens einer Empfehlung Rasumkows zu verdanken, dass er 1997 Stellvertretender Wirtschaftsminister mit dem Schwerpunkt Wirtschaftsfragen im Kabinett von Pawel Lasarenko wurde. »Nach einem Markt-Theoretiker mal ein Markt-Praktiker«, so Rasumkows damaliger Kommentar zur Ablösung von Wiktor Pynsenyk durch Tihipko.

Rasumkow senior war kein langes Leben beschieden. Er starb 40-jährig an einer unheilbaren Krankheit. Da hatte er Dmytros Mutter, die bekannte Schauspielerin Natalija Kudrju, bereits verlassen und sich mit der Journalistin Julija Mostowa eine neue Familie aufgebaut. Mit ihr hatte er einen gemeinsamen Sohn, Hlib, den Julijas erster Mann, Ex-Verteidigungsminister Anatolij Hryzenko, übrigens nach Rasumkows Tod adoptierte.

Die Jahre gingen ins Land, und Dmytro trat in die Fußstapfen seines Vaters. Wie Rasumkow senior schloss auch er ein Studium der Internationalen Beziehungen in Kyjiw ab und ging erste Schritte in der Politik, nicht wie sein Vater im lange verschwundenen Komsomol, sondern in der »Partei der Regionen«, der er sich anschloss, nachdem Präsident Juschtschenko ihn abgelehnt hatte.

Wie seinem Vater stand auch ihm Serhij Tihipko zur Seite, damals ein einflussreicher und reicher Mann, welcher selbst von der Präsidentschaft träumte. Und wie sein Vater arbeitete auch der Sohn im Stab des siegreichen Präsidentschaftskandidaten – allerdings hieß der nicht Tihipko.

Im weiteren Verlauf zeigte sich, dass alles, was vor 2018 geschah, für Dmytro Rasumkow nur ein Trainingslauf war. Nach Wiktor Janukowytschs Sieg bei der Präsidentschaftswahl ließ er die »Partei der Regionen« 2010 wieder hinter sich. Im Wahlkampf hatte Rasumkow junior auch Serhij Tihipko bei seiner Kandidatur zur Seite gestanden und dessen unerwarteten dritten Platz, die Berufung als Vizepremier ins Kabinett von Mykola Asarow und die Abspaltung von Tihipkos neuer Partei »Starke Ukraine« aus der »Partei der Regionen« mitgemacht. Zwei Jahre später trennten sich die Wege von Rasumkow und Tihipko wieder, Ersterer übernahm einen Posten als Berater des Leiters der Oblast-Verwaltung von Kirowohrad Andrij Nikolajenko, Letzterer ging zurück in die Geschäftswelt.

Spindoktor Kost Bondarenko, Berater von Tihipkos Partei »Starke Ukraine«, kann sich allerdings im Zusammenhang mit Tihipkos Wahlkampf nicht an Dmytro Rasumkow erinnern. »Kann schon sein, dass er da irgendwie mitgemischt hat, vermutlich aber eher in zweiter oder dritter Reihe«, so Bondarenko.

Nach dem Auftauchen Rasumkows in Selenskyjs Wahlkampfstab wurde er schnell zur zentralen Figur des medialen Wahlkampfs. Gut aussehend, intelligent und beherrscht gab der Spindoktor das Double des Präsidentschaftskandidaten, führte in Selenskyjs Namen das Wort bei TV-Diskussionsrunden, ergänzte und vervollständigte dessen Image. Zu dieser Zeit sprach Rasumkow ausschließlich Russisch, was er folgendermaßen erklärte: »Solange Russland in der Ukraine aggressiv auftritt, solange der russische Staat meint, bei uns die russischsprachige Bevölkerung beschützen zu müssen, so lange spreche ich ausschließlich Russisch, wenn ich auf Sendung gehe. Meiner Meinung nach muss hier nämlich keiner mit Panzern und Maschinengewehren und ›grünen Männchen‹ anrücken, um mich als Teil der russischsprachigen Bevölkerung zu beschützen.« Diese Begründung war gelinde gesagt schräg. Das Russische war und ist schlicht Dmytros Mutter- und persönliche Verkehrssprache.

Bis April 2019 hatte Selenskyj die öffentliche Auseinandersetzung mit seinem Hauptgegner Petro Poroschenko vermieden und auch jede Talkshowteilnahme verweigert, mit Ausnahme einiger kurzer Auftritte bei *Recht auf die Macht* im Sender *1+1*. Rasumkow trat an seiner statt in den Ring. Spindoktor, der er war, feilte er dabei fortlaufend am Image des künftigen Präsidenten. Nach eigener Aussage tat er dies auf freiwilliger Basis. Es habe damals keinerlei feste Jobbeschreibung und auch keine Entlohnung gegeben, sagte er später. Rasumkow spielte einfach für das Team, mit dem er gewinnen wollte.

Nach Selenskyjs Sieg war man gespannt, welches Amt Rasumkow bekleiden würde. Doch wider Erwarten wurde er im Mai 2019 nicht Teil der Regierung. Er trat stattdessen an die Spitze der Selenskyj-Partei »Diener des Volkes« und führte sie in die vorgezogenen Parlamentswahlen. So wurde letztlich er das Gesicht der neuen politischen Kraft, in die Ukrainer und Ukrainerinnen so große Hoffnungen setzten.

Rasumkow auf einem Feld, Rasumkow in einem Betrieb, Rasumkow mit Studierenden, Rasumkow auf einer Baustelle. Einmal aus Selenskyjs Schatten herausgetreten, wollte Rasumkow die im »politischen Untergrund« verlorene Zeit wettmachen. Die Rolle des Doubles hatte ihm nicht besonders geschmeckt. Wie jeder Background-Vocalist träumte auch er von einer Karriere als Leadsänger.

Zwei Monate später sollte die Präsidentenpartei einen überwältigenden Sieg erringen, und drei Monate später saß Rasumkow, damals 35 Jahre alt, auf dem Sitz des Sprechers der Werchowna Rada, somit in der Funktion des zweiten Mannes im

Staate, denn laut Verfassung fällt, sollte der Präsident aus irgendwelchen Gründen nicht in der Lage sein, seinen Amtspflichten nachzukommen, die Führung der Staatsgeschäfte an den Parlamentssprecher. Es ist unvergessen, wie 2014 nach Wiktor Janukowytschs Flucht Parlamentssprecher Oleksandr Turtschynow Interimspräsident wurde. Rasumkow war quasi nur noch einen Schritt von der Präsidentschaft entfernt.

Sicher, Dmytro musste Wolodymyr verbal Respekt zollen. Sicher, seine Karriere hing für den Moment vollkommen von der absoluten Mehrheit der Präsidentenpartei »Diener des Volkes« ab. Sicher, er spielte in Selenskyjs Team. Und erlaubte sich zuweilen befremdliche politische Statements, wie etwa jenes zur Notwendigkeit, die Sprachengesetzgebung zu überdenken. Aber in zunehmendem Maße spürte Rasumkow seine eigene politische Macht, etwa, als er sich Selenskyjs Initiativen im Nationalen Sicherheits- und Verteidigungsrat entgegenstellte. Und nach einiger Zeit nahm man ihn dann nicht mehr nur als Selenskyjs »Talking Head« oder den Sohn von Oleksandr Rasumkow wahr. Rasumkow junior wusste jetzt, dass er sich nicht damit begnügen musste, Double eines Präsidentschaftskandidaten zu sein, sondern eventuell selbst an der Staatsspitze stehen könnte. Selenskyj wusste es auch. Am 7. Oktober 2021 stimmten die Abgeordneten von »Diener des Volkes« mit ihrer absoluten Mehrheit in der Werchowna Rada für die Absetzung Rasumkows von seinem Sprecherposten. Seither ist Rasumkow sozusagen ein »Publizistenpolitiker«, steht der Initiative »Kluge Politik« vor – und profiliert sich als Selenskyj-Gegner. Mit Anspruch auf das Präsidentenamt, versteht sich. Wie dereinst Selenskyj selbst.

Am 27. November 2021 gab Rasumkow bekannt, bei den nächsten Präsidentschaftswahlen als Kandidat antreten zu wollen.

Episode 20

EIN FRÜHSTÜCKSDIREKTOR FÜR SELENSKYJ

Am 28. Mai 2019, eine Woche nach seiner Amtseinführung, gab Wolodymyr Selenskyj Micheil Saakaschwili die ukrainische Staatsangehörigkeit zurück. Der neue ukrainische Präsident war davon überzeugt, dass sein Vorgänger das frühere Staatsoberhaupt Georgiens unrechtmäßig behandelt hatte. Wahrscheinlich hoffte Selenskyj, die Rückkehr von Saakaschwili würde nach der Epoche des »Spekulanten« Poroschenko als symbolische Wiederherstellung von Gerechtigkeit wahrgenommen. Micheil, der mit einem Sack über dem Kopf aus der Ukraine nach Polen abgeschoben worden war, empfand bei seiner Rückkehr einen wahren Triumph.

2015, als Saakaschwili die ukrainische Staatsbürgerschaft zum ersten Mal erhalten hatte und Leiter der Oblast von Odessa wurde, hatte Petro Poroschenko Lobeshymnen auf den georgischen Ex-Präsidenten und ihre langjährige Freundschaft angestimmt. Poroschenko und Saakaschwili hatten quasi zur selben Zeit an der Fakultät für Internationale Beziehungen der staatlichen Kyjiwer Universität studiert (übrigens der gleichen Fakultät, die nur einige Jahre später der aktuelle Leiter des Präsidentenbüros, Andrij Jermak, besuchte). Petro und Micheil hatten sich auf die Seite der Orangen Revolution gestellt, sich mit Präsident Wiktor Juschtschenko angefreundet und ihn als Protektoren sogar gefördert. Nach der Revolution der Würde von 2014 hatte Saakaschwili Poroschenko im Präsidentschaftswahlkampf unterstützt.

Die Freundschaft der ehemaligen Kommilitonen schien für die Ewigkeit gemacht. Gerade deshalb konnte sich niemand vorstellen, dass Saakaschwili Poroschenko öffentlich das abfällige Wort »Spekulant« anhängen und die Ukrainer und Ukrainerinnen zum Sturz seines bisherigen Freundes aufrufen würde. Oder dass die Reaktion Poroschenkos darin bestünde, Micheil den ukrainischen Pass zu entziehen und ihn abzuschieben. Und doch geschah genau das.

Der feurige Charakter Saakaschwilis und seine Konflikte mit fast allen aus der damaligen ukrainischen Elite machten den georgischen Ex-Präsidenten schnell zum politischen Freak, der von Mitarbeitern des ukrainischen Inlandsgeheimdiensts auf einem Kyjiwer Hausdach festgenommen wurde.

Poroschenkos Amtszeit war ganz offensichtlich eine der kompliziertesten und dramatischsten Phasen in der politischen Biografie von Micheil Saakaschwili. Er wurde beschuldigt, einen Regierungsumsturz vorbereitet zu haben, kam in Untersuchungshaft und wurde nach Polen abgeschoben. Infolgedessen musste er, einer der Regisseure des »georgischen Wunders«, aus dem Poroschenko ähnlich wie später Selenskyj einen Frühstücksdirektor für die ukrainischen Reformen machen wollte, einige Zeit in Europa verbringen.

Ende 2017 hatte Generalstaatsanwalt Jurij Luzenko verkündet, Micheil Saakaschwili und seine Mitstreiter bereiteten mit dem Geld des Oligarchen Serhij Kurtschenko einen Staatsstreich in der Ukraine vor. Laut der Version der Generalstaatsanwaltschaft wurden die Protestaktionen von Saakaschwilis Partei »Bewegung neuer Kräfte« durch Russland finanziert. Nach dem Gerichtsurteil wurde, wenn auch nur kurz, einer von Saakaschwilis Mitkämpfern, Sewerion Dangadse, in Gewahrsam genommen, und Micheil selbst wurde des Hochverrats beschuldigt, weil er zugunsten von Russland agiert habe.

Schon nach der Rückgabe der ukrainischen Staatsbürgerschaft an Saakaschwili ließ Jurij Luzenko öffentlich verlautbaren, dass er den georgischen Ex-Präsidenten für einen Verräter an der Ukraine gehalten habe und immer noch halte. Nach der Ankunft Saakaschwilis in Kyjiw gingen die Mitarbeiter der Generalstaatsanwaltschaft jedoch nicht gegen ihn vor.

2019 erhielt Micheil den Pass mit dem Dreizack also zurück und begab sich nach Odessa, dorthin, wo er zu Poroschenkos Zeiten die Oblast geleitet hatte. Wie erwartet, konnte er dort mit Selenskyjs Unterstützung an den Bürgermeisterwahlen im Oktober 2020 teilnehmen. Allerdings zwang ihn das Personalchaos in Selenskyjs Stab im Winter 2020, nach Kyjiw zurückzukehren. Der Rücktritt von Oleksij Hontscharuk vom Posten des ukrainischen Ministerpräsidenten und der Antritt von Denys Schmyhal erforderten nämlich radikale Schritte der »Diener des Volkes«. Und zu diesen gehörte die Rekrutierung von Saakaschwili für das Team des sechsten Präsidenten.

Doch der angeblich von Wolodymyr Selenskyj stammende Vorschlag, Saakaschwili den Posten als Vize-Ministerpräsident für ökonomische Reformen zu geben, wurde nicht realisiert. Micheil eilte ins Parlament, um sich die Unterstützung durch eine Mehrheit der Präsidentenpartei zu sichern. Aber für seine Berufung in die Regierung kamen nicht genug Stimmen zusammen. Ja, wirklich. Der gleiche Saakaschwili, der Poroschenko lauthals als »Spekulanten« beschimpft und immer seinen kaukasischen Stolz demonstriert hatte, schluckte plötzlich ganz ruhig, dass man ihn von der Vize-Ministerpräsidentschaft fegte. Übrigens hatte sich auch Georgien gegen einen Regierungsposten Micheils positioniert und gedroht, seinen Botschafter aus Kyjiw abzuziehen.

Am 7. Mai 2020 ernannte Wolodymyr Selenskyj Micheil Saakaschwili zum Vorsitzenden des Reformkomitees, einem Beratungsgremium, das noch zu Poroschenkos Zeiten eingerichtet worden war. Eine Einrichtung also, die im Staat eigentlich nichts zu entscheiden hat. Der ehemalige georgische Präsident bekam die Rolle als Frühstücksdirektor für Selenskyjs Reformen. Das ist ein Posten mit großer medialer Wirkung, mehr aber auch nicht.

Saakaschwili sagte, er werde sich nie und aus keinem Grund mit Selenskyj streiten. Dass er das tue, sei doch nur ein Wunschtraum seiner Feinde. Aber wie sagt man: Sag niemals nie. Darüber hinaus unterscheidet sich Selenskyjs Ukraine nicht allzu sehr von der Ukraine Poroschenkos, gegen die sich Saakaschwili so emotional engagiert hatte. Die »Hausherren im Land« sind immer noch die Oligarchen Ihor Kolomojskyj, Rinat Achmetow und Wiktor Pintschuk, die der georgische Ex-Präsident so scharf kritisiert hatte. Das Regierungssystem ist noch immer das, welches Saakaschwili so erzürnt hatte, gegründet auf Bestechlichkeit und »Spekulantentum«.

Saakaschwili hätte in der Mannschaft Selenskyjs Trainer werden können. Aber man hat ihn nicht gelassen.

Am 27. August wurde dann ein Video veröffentlicht, in dem er nach sieben Jahren der Auslandsaufenthalte seine Rückkehr nach Georgien ankündigte. Micheil versprach, nach den Parlamentswahlen ins Vaterland zurückzukehren und sich an die Spitze der georgischen Oppositionspartei »Vereinte Nationale Bewegung« zu stellen. Gleichzeitig erklärte er, wo er sich auch aufhalten werde, bleibe er immer ein treuer Sohn zweier befreundeter Länder, Georgiens und der Ukraine. In Tiflis erinnerte man Saakaschwili umgehend an die laufenden Strafverfahren und das drohende Gefängnis.

Spindoktor Serhij Hajdaj ist sicher, dass die Abkehr Micheils von der ukrainischen Politik nur einen einzigen Grund hatte: Er habe nicht an Selenskyjs Macht geglaubt. »Er legte wegen

Selenskyj eine Pause ein. Das bedeutet nicht so sehr eine Hinwendung zur georgischen Politik als vielmehr eine Abkehr von Selenskyj. Er hatte den Glauben daran verloren, dass Selenskyj ihm die Möglichkeit geben würde, Ministerpräsident zu werden und ein Team aufzustellen«, schätzt der Spindoktor.

Im Herbst 2021 kehrte Saakaschwili illegal nach Georgien zurück, um seine Mitkämpfer zu unterstützen. Dort steckten sie ihn auf Grundlage alter Anschuldigungen ins Gefängnis. Alle Versuche Selenskyjs, auf Tiflis einzuwirken, damit Micheil als ukrainischer Staatsbürger aus der Haft entlassen würde, blieben ohne Erfolg. Saakaschwili befindet sich noch immer im Knast.

Episode 21

SELENSKYJ UND
DIE SCHEFIR-BRÜDER

1995 war ein entscheidendes Jahr im Leben des Wolodymyr Selenskyj.

Der 17-Jährige liebte das Theater und den *Klub der Witzigen und Schlagfertigen*. Sein Vater wünschte sich für den Sohn eine solide Ausbildung und eine Anstellung mit Aufstiegschancen. Mittlerweile dürfte klar sein, dass das Land niemals etwas von Selenskyj gehört hätte, wäre er damals Ingenieur, Soldat oder Arzt geworden. Aber wer weiß schon, ob er mit seinem Leben nicht auch zufrieden gewesen wäre, wenn alles anders gekommen wäre.

Vor 27 Jahren ereignete sich in Selenskyjs Leben ein Zusammentreffen, das die quälenden Zweifel, was er denn nun werden sollte, mit einem Schlag verstummen ließ. In Krywyj Rih lernte er die beiden Brüder Borys und Serhij Schefir kennen. Sie waren beinah doppelt so alt wie er, der eine damals 35, der andere 31. Ihr Vater, Nachman Schefir, hatte im Zweiten Weltkrieg gekämpft und sich Serhij zufolge danach den Bandera-Partisanen angeschlossen, die in der Westukraine auch nach Kriegsende noch für die ukrainische Unabhängigkeit stritten. Er betätigte sich als Erfinder, wünschte sich aber genau wie Selenskyjs Vater für seine Söhne einen seriösen Beruf. Serhij und Borys schlossen also ein Bergbaustudium in Krywyj Rih ab. Nachman konnte ja wohl schlecht ahnen, dass sie danach nicht Eisenerz, sondern Showstars fördern würden, darunter als Ersten den jungen Wolodymyr Selenskyj.

Als die Schefir-Brüder Selenskyjs Bekanntschaft machten, spielten sie bereits in den KWS-Truppen »Krywyj Riher Banditen« und »Saporischschja-Krywyj Rih-Transyt«. Da ihre Heimatstadt über eine eigene KWS-Liga verfügte, mussten sich ihre Pfade irgendwann mit denen Selenskyjs kreuzen. Zunächst beauftragte man ihn damit, die Tanznummern für »Transyt« zu choreografieren. 1997 sollte »Transyt« dann mit den »Neuen Armeniern« um die Meisterschaft im KWS-Finale in Moskau kämpfen, und nach nur einem weiteren Jahr gründeten die Schefirs, Selenskyj und weitere aus der Truppe dann »Kwartal 95« und traten in dieser Formation beim KWS-Festival in Sotschi auf.

Selenskyj erlebte an der Seite der Schefir-Brüder die ersten Höhenflüge seiner Starkarriere, denn es waren Serhij und Borys, die ihm halfen, sich in Moskau einzuleben. Die drei hatten eine Wohnung in Mytischtschi gemietet und arbeiteten in Aleksandr Masljakows Produktionsfirma AMiK. Neben ihrer Arbeit für »Kwartal 95« schrieben die Brüder auch noch für weitere KWS-Truppen.

2003 kam ein Wendepunkt für das Trio. Die Schefirs und Selenskyj nahmen damals die Gründung von Studio Kwartal 95 in Angriff. Es folgte der Bruch mit Medien-Mogul Masljakow. Der Umzug von Moskau nach Kyjiw. Die Zusammenarbeit mit dem Fernsehender *1+1* und später mit *Inter*. Die ersten Filmprojekte – *Es ist angerichtet*, *The Untouchable Professor*, *Heiratsvermittler*, *Acht erste Dates*.

Seit 25 Jahren sind die drei nun schon Freunde, später wurden sie auch Initiatoren und Geschäftspartner mit dem erfolgreichen Unternehmen Studio Kwartal 95. Ihren Einfluss münzten sie 2019 in Selenskyjs Aufstieg ins Präsidentenamt um. Hätte jemand diesen dreien 1995 erzählt, einer von ihnen würde mal Staatspräsident werden, so hätten sie ihm den Vogel gezeigt, da bin ich mir sicher. Dennoch kam es genau so. Gleich nach dem Amtsantritt Selenskyjs blieb Borys Schefir in der Verantwortung bei Studio Kwartal 95, der jüngere Bruder Serhij wurde Erster Assistent des Staatsoberhaupts, wobei man ihm sogar die Leitung des Präsidentenbüros angetragen hatte. Im Interview mit *LB.ua* erzählte Serhij, seine Aufgabe an der Seite von Präsident Selenskyj habe darin bestanden, dafür zu sorgen, dass dieser in der Politik seine Menschlichkeit nicht verliere.

Andrij Bohdan, ehemals Leiter des Büros des Präsidenten, bezeichnet Serhij Schefir als die vertrauenswürdigste Person in Selenskyjs Umfeld. »Schefir ist ein toller Mensch. Er war Wolodymyrs Mentor. Er ist die wahrscheinlich vertrauenswürdigste Person. Oder war es zumindest. Er ist wirklich toll. Ich kann nichts Schlechtes über ihn sagen. Es gibt ein Verständnis für Algorithmen, und es gibt so was wie Weisheit. Er war ganz klar auf der Seite der Weisheit. Der Vernunft und Weisheit, er ist weise. Aber kein Bürokrat, aus dieser Ecke kommt er nicht«, so Bohdan im Interview mit Dmytro Hordon.

Die Schefir-Brüder haben die Öffentlichkeit lange gescheut. Und vielleicht taten sie gut daran. Wer weiß, wie es für Selenskyj ausgegangen wäre, hätte sich Borys Schefir nicht erst nach, sondern vor der Präsidentschaftswahl öffentlich gegen die Sprachquotenregelung gestellt und den russischen Präsidenten Wladimir Putin einen »verständigen Mann« genannt, »mit dem man verhandeln kann«?

Am 30. Mai 2022 sagte der ältere Schefir im Interview mit der Online-Ausgabe der Zeitschrift *Detektor Media*: »So wie ich den Krieg sehe, wurde der vom Zaun gebrochen, um kräftig Kohle damit zu machen. Auf beiden Seiten. Alle haben daran verdient, wir sind halt dabei den Bach runtergegangen«, nur um hinzuzusetzen: »Wenn wir es wirklich wollen, können wir uns mit denen doch einigen.«

»Was haben die denn davon, von diesen Kämpfen? Glaubt ihr denn, Putin ist ein Irrer, dem es gefällt, auf lebendige Menschen zu schießen? Ein Psychopath oder so was? Er ist ein kluger Mann. Klar, er hat imperiale Ambitionen. Trotzdem, man kann sich doch einigen. Und wenn nicht, dann erklären wir einen echten Krieg. Was ist denn das, was wir da im Moment machen – mit einer Hand kämpfen, mit der andern Geschäfte machen? Eine der beiden Seiten muss das endlich wirklich wollen, sonst gibt es keinen Frieden«, so Borys Schefir, der dann auch noch behauptete, mit dem Machtwechsel in der Ukraine werde der Krieg »abflauen«.

Dieses Interview war das erste und vorerst wohl auch letzte des älteren Schefir-Bruders. Selenskyjs Team sah sich gezwungen klarzustellen, dass man diese Position nicht teile. Was Wolodymyrs langjähriger Weggefährte da verkündet hatte, reichte allerdings schon mehr als aus, um sich vorstellen zu können, in welchem Milieu Selenskyj groß geworden war. Wie heißt es doch so schön: »Zeig mir deine Freunde, dann weiß ich, wer du bist.«

Die Schefir-Brüder sind und bleiben Wolodymyr Selenskyjs engste Freunde und seine Kollegen. Oder, in einer Paraphrase des Klassikers: Sagt einer: Selenskyj, sind die Schefir-Brüder gemeint, sagt einer: die Schefir-Brüder, meint er Selenskyj.

Am 22. September 2021 wurde ein Anschlag auf Serhij Schefir verübt. Sein Wagen wurde auf dem Weg in die Hauptstadt von einem Unbekannten beschossen. Selenskyj, der sich zu diesem Zeitpunkt anlässlich der Generalversammlung der Vereinten Nationen in New York aufhielt, erzählt die Geschichte oft. Ihm zufolge wurde damals nicht auf Schefir geschossen, sondern auf die Reformen, die er, Selenskyj, in der Ukraine durchführen wollte. Insbesondere auf jene Gesetzesänderungen, die eine Beschneidung des Einflusses der Oligarchen auf den politischen Prozess bewirken sollten. Zwar versprach Selenskyj eine unmissverständliche Antwort des Präsidenten auf den Mordversuch an Schefir. Doch konnten bisher weder Ausführende noch Auftraggeber des Attentats auf den Ersten Assistenten des Präsidenten dingfest gemacht werden.

Episode 22

KOLOMOJSKYJS MESSER

Um diese Person ranken sich Legenden. Eine handelt davon, wie Ihor Kolomojskyj während einer Firmenfeier mit einem Tortenmesser die Krawatte eines der anwesenden Topmanager absäbelte, begleitet von den Worten: »Ich weiß alles über dich, sei dankbar, dass du so davonkommst.« Diejenigen, die Kolomojskyj kennen, schildern seine Zähigkeit und seinen Einfallsreichtum im Geschäftsleben. Der Protagonist selbst zeigt sich skeptisch gegenüber den Gerüchten, die ihn betreffen, und sagt, selbst jene, die ihm nie in die Augen geschaut hätten, verbreiteten Klatsch über ihn.

Wolodymyr Selenskyj könnte viel über Kolomojskyj und sein Gebaren verraten, da sein Studio Kwartal 95 lange eng mit dem von Kolomojskyj kontrollierten Fernsehsender 1+1 zusammengearbeitet hat. Am 6. Oktober 2012 hatten beide Seiten den Beginn der Zusammenarbeit offiziell gemacht. *Abend Kwartal, Abendliches Kyjiw* und *Bringen Sie den Komiker zum Lachen* liefen auf den *Plus*-Sendern. Sechs Jahre später war Wolodymyr Selenskyj dank Kolomojskyjs Informationsressourcen zum Megastar im ukrainischen Showbusiness aufgestiegen.

Wie sich Kolomojskyj erinnert, lernte er den Schauspieler 2008 kennen.

Die Beziehung zwischen Kolomojskyj und Selenskyj war übrigens nicht immer vertrauensvoll und einfach. Besonders was die Buchhaltung betrifft.

Am 13. Februar 2017, dem Geburtstag Ihor Kolomojskyjs, zeichnete Wolodymyr Selenskyj zusammen mit den Freunden von Kwartal eine Videoansprache für ihn auf. Darin beglückwünschten die Schauspieler den Jubilar und baten im scherzhaften Ton, der Sender *1+1* möge wenigstens einen kleinen Teil seiner hohen Schulden an Studio Kwartal 95 zurückzahlen. Als Wolodymyr an der Reihe war, wandte er sich mit folgenden Worten an Kolomojskyj: »Ihor Walerijowytsch, wir gratulieren Ihnen zum Geburtstag. Ich wünsche Ihnen alles, was die Jungs schon erwähnt haben. Freunde, Zeit, Gesundheit und Enkelkinder. Ich hoffe, dass im nächsten Jahr alles für Sie so weiterläuft wie bisher – aber auch, dass sich bei uns etwas ändert.«

Trotz dieser Ansprache an den Oligarchen hat sich für Kwartal aber 2018 nichts geändert. Es blieb wie im Jahr zuvor. Die Presse bezifferte die Höhe der Schulden des TV-Senders gegenüber Studio Kwartal 95 mit vier Millionen Dollar.

Am 18. Juli 2019 antwortete der erste Assistent des Präsidenten, Serhij Schefir, im Interview mit *LB.ua* auf die Frage, ob es wahr sei, dass *1+1* den Kwartalern etwa sieben Millionen Dollar schulde: »Hören Sie, die Lage im Land war nicht einfach. Von 2012 bis 2014 war mit unseren finanziellen Beziehungen alles gut. Dann aber hat der Krieg angefangen, und ich erinnere mich gut: Wir kamen mit einigen Anliegen in die Oblast-Verwaltung von Dnipro (unter Gouverneur Ihor Kolomojskyj), wo gerade ein Verteidigungsplan besprochen wurde – ein Hubschrauber fliegt dorthin, da landet er, hier werden Freiwillige abgesetzt, hier die Verwundeten usw. Sie haben den Krieg in Dnipro tatsächlich aufhalten können. Was sollte ich da tun? Es waren wirklich Umstände, unter denen alle zuvor vereinbarten Bedingungen nicht einfach so einzuhalten waren.«

Am 5. Oktober 2021 enthüllte eine Gruppe von Investigativjournalisten und -journalistinnen, die massenhaft Dokumente über Offshore-Konten (die Pandora Papers) untersucht hatten, eine Beteiligung Selenskyjs an Offshore-Firmen. Sie stellten fest, dass Wolodymyr und seine Leute Anfang 2012 40 Millionen Dollar von Offshore-Unternehmen Kolomojskyjs über Konten der PrivatBank erhalten hatten.

Selenskyj selbst bestätigte, dass er als Geschäftsmann Offshore genutzt habe, bestritt aber gleichzeitig, Gelder gewaschen zu haben. »Während der Zeit von Herrn Janukowytsch haben alle ihr Business strukturiert, besonders Unternehmen, die mit den Massenmedien zusammenhingen. Alle Kanäle besaßen ausländische Firmen, absolut alle. Weil das eine Möglichkeit war, um dem Einfluss der Politik zu entgehen. ›Kwartal 95‹ hat Satire gemacht, und alle haben Druck ausgeübt, denn alle wollten Einfluss nehmen. Die Steuerbehörde kam zu uns, wenn auch nicht jeden Tag, so doch wöchentlich, und für solche Dinge gab es … es hieß ›Geschäftsstrukturierung‹ von Studio Kwartal 95«, erklärte der ukrainische Präsident im Interview mit dem TV-Sender *ICTV* vom 17. Oktober 2021.

Im Mai 2019 hatte Kolomojskyj auf die Frage der *Ukrajinska prawda*, ob er Selenskyj für einen zynischen Geschäftsmann halte, geantwortet: »Sehr. Mit ihm ist nicht gut Kirschen essen. Keine Sentimentalitäten. Schuldig bleibt schuldig. Keinerlei Gespräche oder Nachsicht.«

Aber was auch immer mit den Finanzen war, so gewannen Selenskyj und seine Truppe mit *1+1* doch viel mehr, als sie vielleicht verloren. Denn die Serie *Diener des Volkes*, in der der heutige Präsident die Rolle des Lehrers Wasyl Holoborodko spielt, der an die Spitze des Staates gerät, wurde ab November 2015 exklusiv auf den *Plus*-Sendern ausgestrahlt. Auf ebendiesem Serien-Muster wurde innerhalb von vier Jahren in der Ukraine eine neue politische Realität errichtet, in der Wolodymyr Selenskyj die Hauptrolle spielt, und die gleichnamige Partei wurde Regierungspartei.

Sowohl Kolomojskyj als auch Selenskyj bekräftigten einhellig, sie hätten nicht geahnt, dass alles mit Politik enden würde, als sie *Diener des Volkes* zur Ausstrahlung freigaben. Dabei täuschten Ihor und Wolodymyr natürlich etwas vor. Denn schon am 2. Dezember 2017 wurde die »Partei des entschlossenen Wandels« in »Diener des Volkes« umbenannt.

Ganz offensichtlich wollten die Geschäftspartner also in der Politik mitmischen. Wenn sie sich auch kaum eine Vorstellung davon machten, wie dieses Spiel für beide enden könnte. Zu jener Zeit war Ihor schon von seinem Posten als Gouverneur der Oblast von Dnipropetrowsk entbunden, seine PrivatBank war verstaatlicht worden, und er selbst saß im Ausland. Nur für den Fall. Kolomojskyj war natürlich wütend auf Poroschenko. Er sann auf Rache. Er war bereit, alles zu unternehmen, damit Poroschenko 2019 nicht als ukrainischer Präsident wiedergewählt würde. Ein Jahr vor den Wahlen, im Mai 2018, sparte Kolomojskyj nicht an Komplimenten für Julija Tymoschenko. Nannte sie die würdigste Kandidatin für das Amt des Staatsoberhaupts. Alles deutete darauf hin, dass der Oligarch seine Wette im großen Spiel bereits gemacht hatte. Darin wurde Selenskyj höchstens die Rolle als Sieger im Halbfinale zugestanden. Er sagte, es sei egal, wer mit Julija im Finale stehe, es dürfe nur nicht Poroschenko sein.

Und während Kolomojskyj noch Loblieder auf Tymoschenko sang, überzeugte Andrij Bohdan, einer der Vertrauten des Oligarchen, Selenskyj, ebenfalls das Präsidentenamt anzustreben. Dieser zögerte. Fast den ganzen Sommer 2018 über kreierte er lustige Videos und scherzte über seine potenzielle Präsidentschaftskandidatur. Im Oktober aber stand fest: Der Artdirector von Studio Kwartal 95 stellt sich zur Wahl.

Kolomojskyj hat eigentlich nichts riskiert, als er auf Wolodymyr Selenskyj und Julija Tymoschenko setzte. Er wusste, einer der beiden Kandidaten würde auf jeden Fall gewinnen. Und so sprach in der Neujahrsnacht auf *1+1* nicht der Präsident, sondern Selenskyj zu den Ukrainern und Ukrainerinnen und verkündete seine Absicht, Präsident der Ukraine zu werden. Die Anhänger Poroschenkos waren über die Vorgehensweise der *Plus*-Sender verärgert. In ihrer Vorstellung fungierte Kolomojskyj als böser Karabas Barabas und Selenskyj als seine gehorsame Marionette. Vielleicht schmeichelte das Ihors Selbstwertgefühl, auf jeden Fall aber ärgerte es Wolodymyr maßlos.

Waren die Behauptungen über Selenskyj als Marionette Kolomojskyjs berechtigt, die Petro Poroschenko bekräftigt hatte? Sie stellen wohl eher eine politische Übertreibung dar. Selenskyj war eben ein Neuling in der Politik. Bis dahin hatte die Ukraine keinen Präsidenten erlebt, der sich anschickte, ohne jede Erfahrung in der öffentlichen Verwaltung den Staat führen zu wollen. Daher auch die These von der Marionette und dem Unvermögen Selenskyjs als Präsident. Wenn es eine Marionette gibt, muss es aber auch einen Strippenzieher geben. Die Logik ist absolut klar. Wie auch die Verbindung mit Ihor Kolomojskyj. Poroschenko sagte mehrfach: »Warum sind der Kreml, sein Geheimdienst und die flüchtigen Oligarchen wegen dieser Wahl so wütend? So dermaßen wütend! Weil sie komplett die Kontrolle verloren haben! Kolomojskyj geben wir keine Chance!«

Während des Präsidentschaftswahlkampfs hat Poroschenko eher versucht, mit Kolomojskyj zu kämpfen als mit Selenskyj. Offenbar ein fataler Fehler, den Poroschenko mit dem Amt des Staatsoberhaupts bezahlte.

Noch vor der Amtseinführung von Präsident Selenskyj, am 16. Mai 2019, kehrte Ihor Kolomojskyj nach zweijährigem freiwilligem Exil in Genf und Tel Aviv in die Ukraine zurück. Mit einem wahren Triumphgefühl. Sein Kandidat hatte die Wahlen gewonnen, und er glaubte, jetzt die ganze Welt in der Tasche zu haben. Oder zumindest die PrivatBank.

Ihor, der früher übermäßiger Aufmerksamkeit der Presse aus dem Weg gegangen war, gab nach dem Wahlsieg Selenskyjs mehrere umfangreiche Interviews. Besonders der russischen Ausgabe der Zeitung *RKB*. In den Interviews sinnierte der ukrainische Oligarch über die Zukunft des Landes, kommentierte Ernennungen und spielte auf seine engen Beziehungen zum neuen Präsidenten an. Es schien, als sei Kolomojskyj zum Präsidenten gewählt worden, nicht Selenskyj. Er zeigte sich zufrieden, quasi als Schattenpräsident der Ukraine zu gelten. Ihor kommentierte den Sieg Selenskyjs mit den Worten: »Ich bin begeistert!« Warum sollte er auch nicht begeistert sein? Sein ehemaliger Geschäftspartner war zum Präsidenten gewählt worden, sein persönlicher Anwalt stand dem Büro des Präsidenten vor, der frühere Leiter von »Kwartal 95«, der von den *Plus*-Sendern kam, wurde Chef des Inlandsgeheimdienstes, ein Teil der Abgeordneten von »Diener des Volkes« war mit Kolomojskyj verbunden. Alles schien für ihn gut zu laufen.

Schon zu Beginn seiner Präsidentschaft wurde Selenskyj mit Putin verglichen und Kolomojskyj mit Beresowski. Solche Analogien sind jedoch oberflächlich. Denn wäre alles so einfach und linear, müsste Ihor nicht in jedem Interview andeuten, der »König der wilden Tiere« zu sein. Denn der wahre König wartet ganz ruhig und gelassen, wann das nächste Opfer vor seiner Nase landet. Er muss nicht im ganzen Dschungel herumbrüllen, dass er der Stärkste, Weiseste und Geschickteste ist. Für eine Person, die in der Ukraine wirklich Macht besitzt, erscheint ein solches Verhalten ziemlich seltsam. Nicht nur das Geld, auch der Einfluss liebt doch die Stille. Aber Kolomojskyj ist vom Verhalten, vom Denken und seinen Taten her ein typischer Vertreter der 1990er. Für ihn bedeutete der Schlüsselanhänger mit der Aufschrift »Selenskyj«, der an seinen Fingern baumelt, ein Symbol von Macht und Allmacht. Das verheimlichte er auch gar nicht.

Im ersten halben Jahr der Präsidentschaft von Selenskyj und bis zum Rücktritt von Andrij Bohdan vom Posten als Chef des Präsidentenbüros rankten sich um das Verhältnis zwischen Wolodymyr und Ihor Legenden. Von Aufzeichnungen, mit denen Kolomojskyj angeblich Selenskyj erpresste. Von geheimen Treffen des Präsidenten mit dem Oligarchen.

Ihor Kolomojskyj hatte sehr gehofft, dass mit der Regierungsübernahme »seines« Präsidenten die Frage der PrivatBank zu seinen Gunsten abgeschlossen würde. Zwischen der ersten und der zweiten Runde der Präsidentschaftswahlen erklärte der Oligarch in einem Interview: »Ich brauche Privat nicht, wenn ich zwei Milliarden zurückbekomme.« Doch während eines ganzen Jahres machte die Mannschaft von Präsident Selenskyj keinen Schritt auf Kolomojskyj zu. Vielmehr stimmte die Werchowna Rada auf Drängen des IWF für das »Anti-Kolomojskyj«-Gesetz über Banken, das Ihor den Weg zurück zum Besitz der PrivatBank versperrte. Das verhinderten weder die 16 000 Änderungsanträge zum Gesetz, die von Kolomojskyj kontrollierte Abgeordnete eingebracht hatten, noch Verhandlungen hinter den Kulissen.

Ihor ist es aber nicht gewohnt zu verlieren, er ist immer bereit zu kämpfen. Selbst wenn scheinbar alles dagegenspricht. Sogar, wenn das FBI wegen möglicher Geldwäsche in den USA gegen ihn ermittelt und er dort als Persona non grata gilt.

Zur Verteidigung seiner Interessen ist der Oligarch zu allem bereit. Auch zu einem Präsidentenwechsel. Daran sollte Präsident Selenskyj immer denken.

Und Wolodymyr sollte die Legenden um das Messer Kolomojskyjs und die Krawatte nicht vergessen. Nur für den Fall.

Episode 23

POROSCHENKO AUF DEN KNIEN

Hätte vor ein paar Jahren jemand Petro Poroschenko gesagt, sein Hauptkonkurrent bei der Präsidentschaftswahl 2019 würde Wolodymyr Selenskyj heißen, hätte Poroschenko wohl, so wie nur er das kann, lauthals gelacht. Wer? Wowa Selenskyj? Der Clown aus den Kwartal-Shows? Ein Komiker sein Konkurrent? Nie im Leben. Noch konsternierter wäre er vermutlich gewesen, hätte man ihm weismachen wollen, dass er haushoch, nämlich mit 73 % zu 25 %, gegen ebenjenen Komiker verlieren würde.

Das politische Schwergewicht Poroschenko war bereit, den Kampf gegen Julija Tymoschenko oder Jurij Bojko aufzunehmen, aber doch nicht gegen Wolodymyr Selenskyj. Poroschenko hatte einiges mitgemacht in der Politik, und für ihn war klar: In der Ukraine geschehen keine Wunder. 16 lange Jahre hatte er sich bis zur Präsidentschaft hochgearbeitet. Mitglied in der Fraktion der »Vereinten Sozialdemokratischen Partei der Ukraine«, beteiligt an der Gründung der »Partei der Regionen«, Opposition gemeinsam mit Juschtschenko, Sekretär des Nationalen Sicherheits- und Verteidigungsrats der Ukraine, öffentlicher Streit mit Julija Tymoschenko und Rücktritt, Außenminister in Tymoschenkos Kabinett, Minister für Wirtschaftsentwicklung in Asarows Kabinett und schließlich das Präsidentenamt. Petro Poroschenko spielte nach den in der Ukraine geltenden Regeln. 2019 trat Selenskyj an und brach sie.

Bis Jahresende 2018 war sich Poroschenkos Wahlkampfteam offenbar sicher, es mit Julija Tymoschenko als Hauptkonkurrentin zu tun zu haben. Sämtliche Umfragen bestätigten, dass nur die Parteichefin von »Vaterland« es mit dem amtierenden Präsidenten würde aufnehmen können. Zwar hielten Politikwissenschaftler und -wissenschaftlerinnen das Auftauchen eines potenziellen Macron durchaus für möglich. Der Hunger der Ukrainer und Ukrainerinnen nach neuen Gesichtern war nämlich groß. Dennoch hätte wohl niemand die Prognose gewagt, dass es Selenskyj, der am 31. Dezember 2018 in den Wahlkampf einstieg, schließlich in die Stichwahl schaffen würde.

Poroschenko selbst aber, so will es zumindest Roman Bessmertnyj wissen, hatte Selenskyj schon weitaus länger auf dem Schirm gehabt und verstanden, was er vorhatte: »Er hatte ihn schon sehr viel früher einkalkuliert und begriffen, dass Kolomojskyj da die Strippen zog. Ich kann auch aus Gesprächen mit Menschen, die ihm nahestanden, berichten, dass er das Ergebnis vorhersah und begriff, was es bedeuten würde. Gewisse Aspekte waren auch mir klar. Meiner Meinung nach werden auch die Analyseinstitute immer unterschätzt. Ich weiß ganz sicher, dass die ukrainische Wahlforschung Poroschenko über das zu erwartende Ergebnis unterrichtete, bis in die regionalen Unterschiede hinein. Er wusste Bescheid. Dass er als politische Kämpfernatur sich trotzdem nicht zurückziehen wollte, steht auf einem anderen Blatt. Es kam zu sehr hitzigen Auseinandersetzungen, vom Präsidialamtschef Borys Loschkin bin hinein ins Kabinett. Weil das sehr offene Menschen waren, zudem quasi von Kindesbeinen an mit dem Demokratievirus infiziert, wie besagter Loschkin, wie Jurij Luzenko oder Ihor Gryniw, haben sie mit Poroschenko auch Klartext geredet. Er wusste es, er hat sie gehört, er hat das genau durchschaut. Aber seine Animalität, und das meine ich im besten Sinne des Wortes, sein Instinkt des politischen Tiers, der hat es ihm nicht erlaubt, sich zurückzuziehen«, erzählt Bessmertnyj.

In seine damalige Situation, so glaubt Bessmertnyj, habe der fünfte Präsident der Ukraine sich durch die eigene Politik hineinmanövriert, indem er alle um sich herum verschlissen und es niemandem erlaubt habe, nach oben zu kommen. In diesem Zuge habe er sich eben auch keinen Kronprinzen oder eine Kronprinzessin herangezogen, konstatiert Roman.

Für Politikberater Serhij Hajdaj, selbst einstiger Poroschenko-Mitarbeiter und im Wahlkampf 2019 für den Stab von »Vaterland«-Chefin Julija Tymoschenko tätig, waren es in Wahrheit die Teams von Poroschenko und Tymoschenko, die glaubten, die Trophäe der Kampagne, den Präsidentensessel, unter sich ausmachen zu können. Hinzu kam, dass Petro schlicht nicht am eigenen Sieg zweifelte. Hajdaj meint, Poroschenko habe eben seine ganz eigene Sicht auf die Wählerschaft.

»Er hält den Wähler, die Wählerin für eine ziemlich beschränkte Person, die einfach vergisst, was man ihr bei dieser oder jener Wahl mal versprochen hat. Und die in einem Wahlkampf gerne Lügen hört, weil Wahlkämpfe nun mal Lügenwettbewerbe seien. Gestimmt wird dann für den begabtesten und dreistesten Lügner. Poroschenko spielte dann auch genau diese Rolle. Er hat mir mal gesagt: ›Na, das wollen die doch, dass man von der Bühne aus genau das verkündet, was sie hören wollen.‹ Was danach kommt – kann einem doch schnurzegal sein. Klar, auch Wähler und Wählerinnen vergessen das eine oder andere, aber so entsteht doch ganz dezidiert ein negativer Eindruck: Der liefert eh nicht, der ist bereit, uns anzulügen. Man verzeihe mir diese Bemerkung, aber Petro Poroschenko führt die Hitliste der größten Lügner ganz klar an. Erinnern wir uns an den Wahlkampf 2014 und an seine großkotzige und unehrliche Kampagne: ›Ich werde den Krieg in ein, zwei Tagen beenden. Jeder Kämpfer bekommt Zulagen und eine Versicherung über zwei Millionen. Ich werde alle meine Aktivposten verkaufen, nur Kanal 5 nicht.‹ Was hat er nicht noch alles versprochen? Einen

Wechselkurs von zehn zu eins beim Dollar. Ich weiß noch, wie ein Wähler ganz in der Nähe der Bühne da schrie: ›Der lügt doch!‹ Und Poroschenko ihn ansah und gleichsam mit erhobenem Zeigefinger sagte: ›Hör auf meine Worte, zehn zu eins.‹ Und der Mann so: ›Wann denn?‹ Antwort: ›Am 26. Mai‹, also am Tag der Stimmabgabe. Poroschenko begriff nicht, dass ihn so was in den Abgrund riss. Nicht nur die jeweiligen einzelnen Vorfälle dieser Art, sondern sein ganzer Ansatz. Petro Poroschenko hatte einfach immer dem Glauben angehangen, dass den Gewählten die Macht dazu übertragen wird, damit sie sich bereichern und zu einer unantastbaren Kaste werden, die ihre Macht weiter nach eigenem Gutdünken zu ihren Gunsten einsetzen kann«, stellt Serhij Hajdaj fest.

Gleich nachdem Wolodymyr Selenskyj offiziell als Kandidat registriert worden war, hatte Petro Poroschenkos Team versucht, den Artdirector von Studio Kwartal 95 zu einer Debatte herauszufordern. Petro ist ein erstklassiger Redner. Er war überzeugt: Ein Schlagabtausch in der Öffentlichkeit mit diesem Schauspieler, und seine politische Überlegenheit über Wolodymyr wäre erwiesen. Selenskyj hingegen vermied über fast die gesamte Länge seiner Wahlkampagne Auftritte dieser Art, denn ihm war klar, dass Fragen nach dem politischen System, dem Staatsaufbau und politischen oder wirtschaftlichen Vorgängen nicht seine Stärke waren.

Anfang 2019 schlossen die Umfrageinstitute schon nicht mehr aus, dass einer der Finalisten im Rennen um die Präsidentschaft Wolodymyr Selenskyj heißen würde, und Petro Poroschenkos Wahlkampfteam forderte immer lauter die direkte Debatte ein. Sowohl Petro persönlich als auch ihm nahestehende Politikwissenschaftler und Analystinnen begannen auf dem Marktplatz der Meinungen die Behauptung zu streuen, Selenskyj sei die Marionette Ihor Kolomojskyjs. Das Team des fünften

Präsidenten beschuldigte den Kwartaler der Russlandkontakte und unterstellte, sein Einzug ins Präsidialamt käme einem Sieg des Kreml gleich. Auf den großen Reklametafeln an den Autobahnen tauchten Plakate mit zwei Gesichtern auf: Poroschenkos und Putins – nach dem Motto, entscheidet euch, Ukrainer und Ukrainerinnen, entweder Petro oder Wladimir. Alternativen: keine. In der Version des Spindoktors Serhij Hajdaj bereitete sich Poroschenkos Team dennoch darauf vor, es in der zweiten Wahlrunde mit einem Gegner aus den Reihen der Oppositionsplattform »Für das Leben« zu tun zu bekommen. Die Billboards mit Poroschenko und Putin, so Hajdaj, seien eine Initiative aus den Reihen des Stabs gewesen.

Ungefähr um die gleiche Zeit verbreitete sich medial das Gerücht von Selenskyjs Drogenabhängigkeit. »Handlanger Moskaus«, »Kolomojskyj-Marionette«, »Junkie«, »Clown«: Je heftiger seine Gegner Selenskyj angriffen, desto rasanter stiegen seine Umfragewerte. Doch man verließ sich darauf, dass Poroschenko ihn über die öffentliche Debatte schon zu Fall bringen werde. Ich bin überzeugt, dass dies die größte strategische Fehlentscheidung von Poroschenkos Stab war. Die Kampagnenteams von Leonid Krawtschuk und Wiktor Juschtschenko hatten in der Vergangenheit ähnlich falschgelegen, allerdings hatten sie die jeweiligen Gegner ihrer Chefs einer Debatte nicht für würdig erachtet.

Wie auch immer, nach langem Hin und Her trafen die beiden Kandidaten am 19. April 2019, zwei Tage vor der Wahl, im Olympiastadion in Kyjiw endlich aufeinander. Poroschenkos Rechnung ging nicht auf. Abgesehen von einigen Patzern hatte Selenskyj seine Hausaufgaben gemacht und war gut vorbereitet auf den Schlagabtausch. Einmal KWS, immer KWS. Und mehr noch, Wolodymyr schaffte es, Petro im Stadion auf die Knie zu zwingen. Selenskyj ergriff die Gelegenheit ad hoc, als Erwiderung auf Poroschenkos Frage, ob er auch als Präsident noch vor Putin auf den Knien liegen wolle. Wolodymyr antwortete ihm, seine Worte zu einem Kniefall entstammten einem ganz anderen Zusammenhang: »Was die Knie angeht, so hat man meinen Satz aus dem Kontext gerissen. Als noch vor dem Krieg unsere Leute auf dem Majdan standen, unsere Ukrainer und Ukrainerinnen, und dort getötet wurden, da habe ich mich an die Präsidenten gewandt und zu Janukowytsch gesagt: ›Bitte, treten Sie vom Amt des Präsidenten zurück und geben Sie Ruhe.‹ Und zu Putin habe ich gesagt: ›Ich bin bereit, auf den Knien zu liegen, aber die Ukraine zwingen Sie nicht in die Knie‹«, so Selenskyj.

Poroschenko reagierte mit einem fassungslosen Kopfschütteln. »Und nun bin ich bereit, vor jeder Mutter auf den Knien zu liegen, die die Rückkehr ihres Sohnes von der Front nicht mehr erlebt«, sagte Selenskyj, »vor jedem Kind, das die Rückkehr seines Vaters nicht mehr erlebt, vor jeder Frau, die die Rückkehr ihres Mannes nicht mehr erlebt. Und ich lade Sie ein, es mir gleichzutun.« Und er fiel auf die Knie. Da beugte auch Poroschenko ein Knie und küsste die ukrainische Flagge, die die Freiwillige Tetjana Rytschkowa auf der Bühne hielt, deren Mann 2014 in der Nähe von Jenakijew gefallen war.

Die Debatte wurde zum Triumph für Selenskyj.

Sein bereits erwähnter ikonischer Satz zu Poroschenko: »Ich bin nicht Ihr Gegner, ich bin Ihr Urteil« und der Slogan »Der Frühling kommt – beginnen wir zu setzen« (dessen Erfinder nach eigener Aussage Andrij Bohdan war) trugen in nicht unerheblichem Ausmaß zum Wahlausgang bei.

Nach dem Sieg wollte Selenskyjs Team so zügig wie möglich die Präsidialverwaltung übernehmen. Wolodymyr war ernsthaft der Meinung, Poroschenko und seine Getreuen würden die Machtübergabe verschleppen.

Die Mehrheit der Ukrainer und Ukrainerinnen war überzeugt, Poroschenko und seine Freunde, Geschäftspartner und mächtigen Paten seien an all ihrem Leid schuld. Die Wählerschaft sehnte sich nach Gerechtigkeit und erwartete mit Spannung die Verhaftung der ehemaligen Amtsträger. Aber Selenskyj und sein Team konnten diese Erwartung nicht erfüllen.

Wollte Wolodymyr Petro wirklich hinter Gitter bringen? Vermutlich ja. Selenskyj war überzeugt, einmal auf dem Stuhl des Präsidenten, sei dieses Problem für ihn rasch lösbar. Tja, es sollte sich zeigen, dass der bloße Wunsch des Staatsoberhaupts dazu eben doch nicht hinreicht. Es gibt schließlich so etwas wie Recht und Gesetz, Verfahren, Untersuchungsbehörden und Gerichte. Grundsätzlich hätte Selenskyj als ausgebildeter Jurist dies auch wissen müssen.

Dem war wohl nicht so. Im Verlaufe seines ersten Jahres im Amt forderte der sechste Präsident wiederholt die Silowiki, den mächtigen Apparat in den Sicherheits- und Strafverfolgungsbehörden, auf, Ermittlungen gegen Poroschenko und seine Entourage einzuleiten, aber die hatten es nicht eilig, den Anweisungen des Präsidenten Folge zu leisten. Das vorläufige Ende der Geschichte war die Abberufung des Generalstaatsanwalts Ruslan Rjaboschapka im März 2020, jenes Rjaboschapka, den Selenskyj im Gespräch mit Donald Trump als »zu 100 % mein Mann« bezeichnet hatte.

Rjaboschapka seinerseits erzählt, seine Abberufung sei Resultat einer Intrige von Iryna Wenediktowa, der damaligen Stellvertreterin des Direktors des Staatlichen Ermittlungsbüros, gewesen, die ihm dann auch auf den Posten des Generalstaatsanwalts nachfolgen sollte: »Ständig kamen aus dem Ermittlungsbüro irgendwelche Akten zu Verfahren gegen Petro Poroschenko, deren Qualität gelinde gesagt zu wünschen übrig ließ. Parallel dazu kündigten sie der Öffentlichkeit ständig neue Schritte an, eine Anklageschrift gegen Poroschenko wegen diesem oder jenem sei in Vorbereitung, das Ermittlungsbüro sei kurz davor, Poroschenko demnächst für dieses oder jenes in Haft zu nehmen ... Die Ankündigungen gingen dabei den konkreten Unterlagen, die die Generalstaatsanwaltschaft erreichten, immer voraus, und dann waren die Fälle auch noch äußerst schwach konstruiert. So entstand allerorten der Eindruck, das Ermittlungsbüro täte seine Arbeit, aber die Generalstaatsanwaltschaft stünde auf der Bremse. Ich verlor die Geduld. Ich ging zu Selenskyj und legte ihm den Entwurf einer Anklageschrift aus dem Ermittlungsbüro vor, der keiner Kritik standgehalten hätte. Er wimmelte vor Fehlern, sogar grammatischen, von der rechtlichen Ebene ganz zu schweigen. Iryna Wenediktowa kam auch zu dem Treffen, doch anstatt die Qualität des in ihrer Behörde erstellten Dokuments zu beurteilen, schwärzte sie mich beim Präsidenten an, bei mir bekäme man Strafverfahren gegen Geld. Als ich sie fragte, welche und wo ich denn angeblich so etwas verkaufen würde, sagte sie, beim Nationalen Antikorruptionsbüro der Ukraine. Das entbehrte jeglicher Logik, sie konnte zudem auch kein einziges Verfahren nennen. Dennoch verursachte das Ganze einen Skandal, und ich zog daraus meine Schlüsse, bezüglich dessen, was sie Selenskyj zuvor schon zugetragen und welche Flöhe sie ihm ins Ohr gesetzt hatte. Nun, schlussendlich wurde sie die neue Generalstaatsanwältin, sie hatte also auch ein Motiv, meinen Rauswurf zu erwirken. Zudem hatte meine Behörde sehr aktiv mit dem Nationalen Antikorruptionsbüro in einer ganzen Reihe von Angelegenheiten zusammengearbeitet, die die Oligarchen betrafen, insbesondere Kolomojskyj und den Fall PrivatBank. Die Betroffenen fühlten sich bedroht und schickten ihrerseits entsprechende Botschaften an Präsident Selenskyj«, so teilte mir Rjaboschapka mit.

Ruslan sagte mir auch, Iryna Wenediktowa sei Selenskyj von seinem engen Freund Ruslan Stefantschuk vorgestellt und als jemand empfohlen worden, dem man vertrauen könne: »Loyalität hat sie Selenskyj gegenüber in der Tat in jeder erdenklichen Form gezeigt und tut dies auch weiterhin. Was ihre professionellen Qualitäten angeht, so sehen wir ja, dass diese quasi nicht vorhanden sind. Ungefähr das Niveau, auf dem sich Selenskyj selbst auch als Jurist bewegt. Aus allen Lagern, von allen Seiten kommt Kritik, dass sie als Fachfrau und Generalstaatsanwältin wirklich schwach ist. Da dürften dann wohl ihre Ergebenheit [gegenüber Selenskyj – A. d. A.] und ihre Nähe zu Stefantschuk ausschlaggebend gewesen sein, eventuell gefolgt von dem, was Bohdan gemeint hat, als er erläuterte, nach welchen Prinzipien in Selenskyjs Team die Posten besetzt werden – je schlechter, desto besser«, so Rjaboschapka.

Seltsamerweise gelang es trotz Selenskyjs lautstark erhobenen diesbezüglichen Vorwürfen seinen Leuten nicht, Poroschenko oder seine Entourage wegen Korruption vor Gericht zu bringen, in keinem einzigen Fall. Was ehrlich gesagt wirklich erstaunen muss. Insbesondere, wenn man bedenkt, dass während des Präsidentschaftswahlkampfs investigative Journalisten umfassende Recherchen zu den krummen Geschäften in Poroschenkos Freundeskreis veröffentlicht hatten. Aber bis heute ist es Wolodymyr Selenskyj nicht gelungen, Petro Poroschenko wie versprochen hinter Gitter zu bringen.

Die Generalstaatsanwaltschaft und das Staatliche Ermittlungsbüro ermitteln in mehreren Dutzend Strafsachen gegen Poroschenko, von Anstiftung zum interreligiösen Hass bis hin zum Hochverrat. Gegen den Ex-Präsidenten könnte Anklage erhoben werden wegen seines Einsatzes für den Tomos, durch dessen Unterzeichnung die Ukrainische Orthodoxe Kirche ihre Eigenständigkeit erlangte, wegen seiner zum Schutz des Donbas 2014 erteilten Befehle oder weil er 2018 ukrainische Schiffe durch die russisch kontrollierte Straße von Kertsch geschickt hat. Die Bandbreite der Vorwürfe gegen Poroschenko ist erheblich und so manches Mal durchaus kurios, was es dem Ex-Präsidenten leicht macht, sich über Selenskyj und sein Team in aller Öffentlichkeit lustig zu machen. »Wolodymyr Oleksandrowytsch, mein Lieber, keiner hat Angst vor Ihnen,«, so Poroschenko einmal stellvertretend zu einem Gerichtspräsidenten, »nicht hier im Saal, nicht draußen auf der Straße. Dass Sie mich per Ukas einbuchten lassen wollen, ist seinerseits ein Verbrechen. In der Ukraine, in Europa, in der ganzen Welt. Und noch einmal möchte ich es Ihnen sagen: Ich und meine Leute, wir lieben die Ukraine sehr. Wir ehren und schätzen die Institution des Staatspräsidenten. Sie sind nicht unser Feind und müssen uns nicht fürchten. Unser Feind heißt Putin, den aber haben Sie in Ihrem Interview nicht erwähnt.«

Die Strafsache zur Berufung Serhij Semotschkos auf den Posten des Stellvertretenden Leiters des ukrainischen Auslandsnachrichtendienstes, die vor dem Petscherskyj Distriktgericht in Kyjiw verhandelt wurde, war dabei einer der vielleicht unwichtigsten Prozesse überhaupt, den man gegen den fünften Präsidenten hätte anstrengen können. Ausgerecht aus diesem Prozess aber ging Poroschenko als Dissident und Märtyrer des Regimes hervor und Selenskyj als jemand, der seine politischen Gegner verfolgen lässt. Petro Poroschenko sollte dafür bestraft werden, dass er im Rahmen seiner Vollmachten als Amtsträger seine Unterschrift unter die Ernennungsurkunde eines Staatsdieners gesetzt hatte, was auf seine Rechtmäßigkeit weder durch das Staatliche Ermittlungsbüro noch das Nationale Antikorruptionsbüro zu prüfen gewesen wäre, sondern allein durch das Verfassungsgericht.

Die Unsicherheit von Staatsanwälten wie Ermittlerinnen und die glänzenden rhetorischen Fähigkeiten des Petro Poroschenko und seiner Anwälte verwandelten diesen Prozess in eine politische Show. Wie Selenskyj und seine Administration da in aller Öffentlichkeit baden gingen, zog sogar glühende Poroschenko-Gegner auf die Seite des Ex-Präsidenten, die auf den Bänken im Saal auch gleich ihre Forderung deutlich machten: »Selja – Verschwinde!« Mit diesen Worten ist das Urteil über mehrere Dutzend Strafverfahren gesprochen, die Petro Poroschenko über sich ergehen lassen musste, der ein aktives Mitglied der ukrainischen Gesellschaft ist und nicht nur eine treibende Kraft der Majdan-Proteste war, sondern auch 2014 den Kampf im Donbas aufnahm.

Am 8. Juli 2020 lehnte das Gericht in Kyjiw die Klage gegen Poroschenko als unberechtigt ab – es war um die Ernennung Serhij Semotschkos zum Ersten Stellvertretenden Leiter des Auslandsnachrichtendienstes gegangen.

Ein weiterer, im Januar 2022 unternommener Versuch der Selenskyj-Administration, Petro Poroschenko ins Gefängnis zu bringen, war ebenfalls nicht von Erfolg gekrönt. Gegen Jahresende 2021 hatten das Staatliche Ermittlungsbüro und die Generalstaatsanwaltschaft angekündigt, der fünfte Präsident stehe unter Verdacht, mit dem Kauf von Kohle aus den sogenannten »Luhansker« und »Donezker Volksrepubliken« die Aktivitäten einer terroristischen Organisation zu fördern und Hochverrat zu begehen. Auch Putin-Pate Wiktor Medwetschuk wurde dessen beschuldigt. Die Generalstaatsanwaltschaft beantragte, Poroschenko in Untersuchungshaft zu nehmen, doch das Gericht lehnte ab. Petro erhielt Auflagen, und sein Pass wurde eingezogen, um eine Flucht ins Ausland zu verhindern.

Man kann ganz klar Zweifel daran hegen, dass Selenskyj Poroschenko wirklich hinter Gitter bringen wollte. Vielmehr scheint Wolodymyr es vor allem darauf anzulegen, seinen Gegner an

der kurzen Leine zu halten und so der Wählerschaft zu zeigen –
seht her, ich erfülle meine Versprechen, aber diese Ermittler,
Staatsanwälte und Richter kriegen einfach nichts gebacken. Ein
Poroschenko auf freiem Fuß ist für Selenskyj ein wandelnder
Beweis der kriminellen Macht der Vergangenheit. Ein Poroschenko hinter Gittern wäre ein Anlass zu Massenprotesten seiner Anhänger und könnte in einen neuen Majdan münden.

Poroschenko selbst versucht, aus der Situation das größtmögliche Kapital zu schlagen.

Der Ex-Präsident weiß haargenau, die aktuelle Regierung würde es um der Unterstützung durch den Westen willen derzeit nicht wagen, ihn auch nur in Untersuchungshaft zu nehmen. Darum kann er heute als Galionsfigur der national-demokratischen Kräfte und als einziges echtes Gegengewicht zu Selenskyj auftreten.

Wie seltsam es auch klingen mag, Selenskyj und Poroschenko können nicht ohneeinander. Sie sind die idealen politischen Sparringpartner. Gegenüber schwächeren Opponenten würde Wolodymyr sich pathetisch ausnehmen und Petro nicht so majestätisch und mächtig wirken. Ihre Fehde kommt episch und großartig daher, wie schon im Jahr 2019, als einer gerade in die Rolle des Präsidenten zu schlüpfen versuchte und der andere nicht von ihr lassen mochte. Selenskyj und Poroschenko scheinen dazu verurteilt, einander zu befehden. Bis in der Ukraine ein neuer Präsident antritt.

Roman Bessmertnyj allerdings ist überzeugt, die Kontroverse Selenskyj-Poroschenko entspringe einzig und allein dem Ukraine-Drehbuch des Kremls.

»Der Kreml ist die ganze Zeit bemüht, das Muster ›Selenskyj gegen Poroschenko‹ immer wieder zu pushen. Sonst würde Selenskyj doch nicht in regelmäßigen Abständen diese lächerlichen strafrechtlichen Ermittlungen gegen Poroschenko anschieben. Man führe sich das mal vor Augen: Wir hatten schon 15 Strafsachen, einige davon wurden geschlossen, neue wurden eröffnet. Das kann nur bedeuten, dass es in Selenskyjs Umfeld Personen gibt, die den Willen des Kreml ausführen und dem Präsidenten nicht nur dessen Diskurs aufnötigen, sondern eben auch dieses Muster«, so Bessmertnyj.

Mit Beginn des russischen Angriffskriegs gegen die Ukraine hat Petro Poroschenko bekannt gegeben, er habe sich mit Selenskyj verständigt. Jetzt, so sagte er, seien er und Wolodymyr im selben Team.

Episode 24

DER KOLLEKTIVE SELENSKYJ

Nach dem 15. Januar 2020, dem Tag, an dem der Audiomitschnitt veröffentlicht wurde, auf dem der damalige Ministerpräsident Oleksij Hontscharuk sich nicht gerade positiv über die Wirtschaftskenntnisse von Wolodymyr Selenskyj geäußert hatte, war klar, dass seine Tage an der Spitze der Regierung gezählt waren.

Sicher, vor laufender Kamera schüttelten die Jungs sich die Hand, und Selenskyj gab Hontscharuk noch eine Chance. Der Ministerpräsident nahm diese mit dem Ausdruck eines schuldbewussten Studenten an. Die Misstöne zwischen Selenskyj und Hontscharuk schienen vorüber. Doch trotz aller öffentlichen Äußerungen der beiden im Sinne von Friede, Freude, Eierkuchen war dieses politische Tandem zerstört.

Meinungsforscher begannen ein sehr hohes Maß an Misstrauen gegenüber der Regierung von Oleksij Hontscharuk zu registrieren. Nicht einmal 50 % der Bevölkerung unterstützten noch die Tätigkeit des Kabinetts. Natürlich wirkte sich das auch auf Selenskyjs Ratings aus. Und der musste die negativen Gefühle, die sich bei den Menschen ansammelten, kanalisieren. Das Team von Hontscharuk hatte sicher viele Fehler gemacht, angefangen mit der Vergabe von Boni, die dreimal so hoch lagen wie Löhne und Gehälter, bis hin zur gescheiterten Kommunikation im Fall der Proteste gegen die Verlegung ukrainischer Bürger aus Wuhan ins Sanatorium von Nowyj Sanschar zur Quarantäne im Februar 2020, dem Haushaltsdefizit und der gesunkenen Industrieproduktion. Die Fehler des Teams von Oleksij Hontscharuk in Verbindung mit der offensichtlichen Schwäche von

Wolodymyr Selenskyj führten sein Team immer mehr auf ein Scheitern zu. Das hatten alle begriffen. Es blieb nur eines: der freiwillige Rücktritt der Regierung.

Am 4. März akzeptierte die Werchowna Rada den Rücktritt der Regierung Hontscharuk. Eine klare Begründung, weshalb er seinen Posten vorzeitig verließ, gab Oleksij nicht. Noch zwei Tage zuvor hatte der Ministerpräsident bekräftigt, dass er nicht beabsichtige zurückzutreten. Als er seine Abschiedsrede in der Rada hielt, sprach er lange über seine Leistungen und erklärte, er habe niemandem etwas gestohlen. Auch Präsident Selenskyj richtete in seiner Ansprache an jenem Tag viele schöne Worte an Oleksij und dessen Team. Er sagte, die Jungs und Mädels hätten gute Arbeit geleistet, aber das reiche leider nicht. Gebraucht würden Technokraten, es sei Zeit, Reformen umzusetzen, neue Gipfel müssten erklommen werden. Als Ersatz für Hontscharuk kam Denys Schmyhal, der in der vorigen Regierung einen Monat als Vize-Ministerpräsident und Minister für kommunale und territoriale Entwicklung gearbeitet hatte. Zuvor war er Chef der Oblast Iwano-Frankiwsk gewesen, und noch früher hatte er im Handelssystem des Oligarchen Rinat Achmetow gearbeitet.

Selenskyj war sicher, der neugebackene Regierungschef und die 15 Minister, die am 4. März ernannt wurden, könnten das Vertrauen des Volkes in sein Team wiederherstellen. Worauf sich dieser Optimismus stützte, ist schwer zu sagen. Denn die Mannschaft von Schmyhal zeigte sich als Truppe von Passagieren in einem Regierungswaggon, aus dem jeder beim ersten Drängen von Zugchef Wolodymyr Selenskyj gezwungen sein könnte auszusteigen.

Die Regierungsumbildung führte dazu, dass Schlüsselpositionen wie die des Wirtschafts-, Bildungs-, Kultur- sowie des Energie- und Kohle-Ministers zum Zeitpunkt der Wahl in der

Werchowna Rada nicht besetzt waren. Die, denen diese Posten angeboten worden waren, weigerten sich im letzten Moment, Teil von Schmyhals Team zu werden. Innenminister Arsen Awakow behielt dagegen seinen Platz in der Regierung. Für ihn war dies nun schon die fünfte Regierung in den vergangenen sechs Jahren. In der Regierung blieben außerdem Justizminister Denys Maljuska, Infrastrukturminister Wladyslaw Kryklij und der Minister für digitale Transformation, Mychajlo Fedorow. Dmytro Kuleba und Wadym Prystajko tauschten die Posten: Ersterer wurde Außenminister, Letzterer Stellvertretender Ministerpräsident und Minister für europäische Integration. Alle weiteren Neuernennungen waren Leute, die bereits in der Administration der Präsidenten Kutschma, Juschtschenko und Janukowytsch mitgewirkt hatten und Verbindungen zu den einheimischen Oligarchen besaßen.

Schmyhal selbst benahm sich bei der Ernennung auf der parlamentarischen Bühne wie ein Student, der geprüft wird, und beschränkte sich auf allgemeine Phrasen. Nach den Erfahrungen seines Vorgängers wählte Denys seine Worte natürlich mit Bedacht. Was herauskam, war ohne Würze und überzeugte nicht. Mit ihm gelangten Leute in die Regierung, die bereit waren, ihren Ruf zu riskieren, oder die diesen längst verloren hatten.

Als Nächstes waren die zahlreichen Versuche Schmyhals, das Aktionsprogramm seiner Regierung in der Werchowna Rada bestätigen zu lassen, nicht von Erfolg gekrönt. Die Mehrheit in der Rada gehörte der Fraktion von »Diener des Volkes«. Unbeholfene öffentliche Erklärungen des Ministerpräsidenten über die Möglichkeit, Wasser aus der Ukraine auf die besetzte Krym zu liefern, seine Versprechungen, im Mai 500 000 Arbeitsplätze zu schaffen für jene, die während der Coronakrise ihren Job verloren haben, Versuche, die Arbeitsmigration wegen Covid-19 zu stoppen: Schmyhals Regierung erwies sich in der Coronapandemie als schwach und arbeitsunfähig.

Die Opposition mag endlos über die personellen Schwächen des Teams diskutieren. Praktisch obliegt aber die gesamte Macht in der Ukraine Wolodymyr Selenskyj. Er allein, nicht die parlamentarische Mehrheit, hat über das Schicksal der Regierung Hontscharuk entschieden. Er allein, nicht die Werchowna Rada, hat bestimmt, wer Minister wird. Im Parlament hatte nicht einmal eine Diskussion über mögliche Kandidaten für die Ministerposten stattgefunden. Der Präsident selbst, nicht der Ministerpräsident oder der Parlamentssprecher, verantwortet die Handlungen des gesamten Teams. Daher ist es egal, wessen Name im Organigramm bei »Ministerpräsident« oder »Minister« zu finden ist, genauso gut könnte überall »Selenskyj« stehen.

Jedenfalls bedeutet das große Vertrauen der Bevölkerung auch eine große Verantwortung. Nicht nur den Wählern und Wählerinnen gegenüber, sondern auch gegenüber der Zukunft des Staates.

Spindoktor Serhij Hajdaj glaubte übrigens 2020 nicht, dass Selenskyj in der Lage sei, sich selbst und sein Umfeld zu verändern. »Da er sich angesichts der Herausforderungen, denen er im ersten Jahr gegenüberstand, nicht nur nicht geändert hat, sondern vielmehr vom System unterworfen wurde, glaube ich nicht, dass er sich in Zukunft noch ändern wird«, sagte er.

Der Parlamentsabgeordnete Heo Leros, der Selenskyj und seinem Umfeld öffentlich Korruption und Bestechlichkeit vorgeworfen hatte, formulierte es kategorischer: »Selenskyj ist nicht kritikfähig. Er nimmt da eine Position ein, die seinem staatsmännischen Denken nicht entspricht. Als ich begonnen habe, sein nächstes Umfeld zu kritisieren, wurde ich zum Verräter gestempelt. Denn wenn es Tatbestände gibt, die für Korruption sprechen, sollte ein Teamplayer seiner Meinung nach dazu schweigen. So denkt Selenskyj. Und so verhält er sich offenbar auch anderen Leuten gegenüber. Meiner Meinung nach sollte Selenskyj seine Befugnisse als Präsident abgeben. Ein kompletter Neustart von Präsident, Werchowna Rada und Ministerkabinett ist nötig. Wenn er will, soll er mit einem neuen Programm auf die Menschen zugehen. Denn seine Versprechen hat er nicht gehalten.«

So blieb es bis Februar 2022. Wie es nach Ende des russisch-ukrainischen Krieges sein wird, weiß niemand. Nicht einmal Selenskyj.

Episode 25

DAS IDOL SYWOCHO

1989 hatte die Erste Liga des KWS in Moskau einen neuen Star der Saison: Sergej Sywocho, einen Spieler aus der Truppe des Donezker Polytechnischen Instituts DPI. Er war 20, sehr reaktionsschnell und hatte eine ziemlich gute Stimme. Mit Sywochos Erscheinen hielten Parodien auf die Idole der sowjetischen Popmusik Einzug ins Programm. Sywocho war dabei wirklich ungewöhnlich gut, nicht nur verglichen mit der DPI-Truppe, sondern auch auf der sowjetischen Bühne allgemein.

Sywochos Truppe erreichte zwei Mal das Finale des KWS, doch gewann nie die Meisterschaft. 1993 schloss sich das Team des DPI mit dem des Polytechnischen Instituts des Ural zum sogenannten »Dream Team« zusammen, doch auch diese Formation errang nie den Meistertitel.

Während sich Sergej anschickte, das sowjetische Fernsehen zu erobern, schaute ein elfjähriger kleiner Junge aus Krywyj Rih ihm begeistert dabei zu – Wolodja Selenskyj. Sywocho, ausgezeichnet als »Bester Showman von Ostankino«, wurde auch Wolodymyrs Idol. Hunderte, ach was, Tausende von Schulkindern, die wie der junge Schauspieler Selenskyj in den Schüler-Ligen des KWS auftraten, träumten damals davon, zu sein wie Sergej.

Jahre später lernte Selenskyj Sywocho dann persönlich kennen. In den 2000er-Jahren engagierten sich beide für die Etablierung einer ukrainischen Liga des KWS, es folgten die gemeinsame Arbeit bei Studio Kwartal 95, Programme bei *Inter* und später in der »Liga des Lachens«.

Sywocho nahm 2010 an der Vorwahlkampftour von Präsidentschaftskandidat Janukowytsch teil – »ich hatte mich da leider vertan«, so sein späterer Kommentar dazu.

Wolodymyr und Sergej blieben enge Weggefährten bis zur Präsidentschaftswahl 2019. Sywocho arbeitete danach weiter bei Studio Kwartal 95 als Creative Producer und wurde Miteigentümer und Produzent bei Mega-Radio. Nach Selenskyjs Sieg ging auch er in die Politik. Doch seine sämtlichen Unternehmungen scheiterten.

Bei den vorgezogenen Parlamentswahlen 2019 kandidierte Sergej als Abgeordneter für »Diener des Volkes« im Wahlkreis 49 im Donbas. Er verlor die Wahl. Dennoch begleitete er seinen Freund, den Präsidenten, auf so gut wie jeder Reise, die dieser in die Ostukraine unternahm. Er bemühte sich unablässig, alle davon zu überzeugen, dass es »auch auf der anderen Seite« vernünftige Leute gebe, mit denen man in Dialog treten könne. Wen genau Selenskyjs alter Freund dabei im Auge hatte, blieb unklar. Vielleicht seinen ehemaligen KWS-Teamkollegen Ismaïl Abdullajew, aktuell nach Ausrufung der sogenannten »Donezker Volksrepublik« Direktor des Regionalsenders *Oplot TV*. Vielleicht auch andere, die Sergej privat kannte und zu denen er noch Kontakt hielt.

Im Oktober 2019 machte Selenskyjs Team Sergej Sywocho zum Freien Berater des Sekretärs des Nationalen Sicherheits- und Verteidigungsrats für Fragen der Reintegration und des Wiederaufbaus des Donbas. Der ehemalige Showman und frühere Donezker hegte keinen Zweifel, dass er mit seinen Kenntnissen, Kompetenzen und Kontakten zu einem friedlichen Dialog mit dem besetzten Donbas würde beitragen können. Doch bereits Sywochos erste Schritte und Äußerungen in der neuen Position lösten einen Sturm der Entrüstung unter Veteranen des russisch-ukrainischen Krieges wie unter Vertretern des national-demokratischen Lagers aus.

Sergej Sywocho, dessen Persönlichkeit zu einem guten Teil in Moskau geformt worden war, blieb seiner Position dabei durchgängig treu: Der Krieg im Donbas sei ein innerukrainischer Konflikt, der nur auf dem Wege eines Dialogs der beiden Seiten gelöst werden könne.

Am 12. März 2020 stelle Sywocho in Kyjiw seine Bürgerinitiative »Nationale Plattform für Versöhnung und Einheit« vor. Nach der kurzen Aktion bedrängte ihn die Presse gemeinsam mit Donbas-Veteranen mit der Frage, er solle doch bitte sagen, wer den Krieg im Donbas begonnen habe. Sergej antwortete ihnen: »Wie Sie wissen, haben wir es mit einem hybriden Krieg zu tun. Es ist eine Methode der Kriegsführung, einen internen Konflikt anzuheizen und dann die Russische Föderation als Unterstützerin ins Spiel zu bringen.«

Diejenigen, die Sergej da umringten, waren mit seiner Aussage nicht zufrieden. Jemand schrie aus der Menge »Hybrider Idiot!«. Sergej begriff, dass er den Rückzug antreten musste, weil es möglicherweise zu Handgreiflichkeiten kommen würde. Er versuchte, sich loszueisen, stürzte aber bei dem Versuch. Nachdem er wieder auf den Beinen war, verließ er den Ort des Geschehens eiligst, und so endete die Präsentation der »Nationalen Plattform für Versöhnung und Einheit«.

Um den öffentlichen Unmut zu dämpfen, sah sich der Sekretär des Nationalen Sicherheits- und Verteidigungsrats Oleksij Danylow genötigt, bekannt zu geben, einer der elf Außerplanmäßigen Berater, Herr Sergej Sywocho, sei nicht mehr befugt, die Position des Nationalen Sicherheits- und Verteidigungsrates zu repräsentieren. Kurze Zeit später wurde dem ehemaligen KWS-Komödianten Sywocho die Adelung durch den Beraterposten entzogen. Trotz alledem ist Sywocho noch immer der Meinung, Selenskyj habe die Stärke und die Möglichkeiten dazu, radikale Entscheidungen zu treffen. »Ich kannte Selenskyj lange vor seiner Präsidentschaft. Damals konnte er radikal sein. Jetzt liegt auf ihm die schwere Last der Verantwortung«, so der frühere Freie Berater.

Es fällt auf, dass in der ganzen Zeit, da Sergej Sywocho so viel Hass auf sich zog, Wolodymyr Selenskyj die sogenannten Versöhnungsinitiativen seines Freundes mit keinem Wort kommentierte. Vielleicht ja deswegen, weil Kindheitsidole wie Plüschteddybären sind – sie bleiben einem lieb und teuer, auch völlig ausgebleicht, zerrupft und mit zwei abgerissenen Ohren.

Episode 26

EIN WAHRHEITSDETEKTOR FÜR DIE »DIENER DES VOLKES«

Während des Präsidentschaftswahlkampfs wurde Wolodymyr Selenskyj nicht müde zu wiederholen, in seinem Team sei kein Platz für korrupte Bürokraten, Intriganten und anderes Beamtengesindel mit Dreck an den Händen. Sollte sich in der edlen Herde doch ein räudiges Schaf finden, so müsse es in den Knast. »Das Gesetz wird für alle gleich sein«, versprach Selenskyj.

Doch schon nach wenigen Monaten gerieten die »Diener des Volkes«, welche Wolodymyr in die Werchowna Rada gebracht hatte, in den ersten Korruptionsskandal. Am 23. Oktober 2019 eröffnete die Spezielle Staatsanwaltschaft für Korruptionsbekämpfung ein Strafverfahren gegen 14 Parlamentsabgeordnete, von denen elf zur Fraktion »Diener des Volkes« gehörten. Sie warf ihnen vor, angeblich je 30 000 Dollar dafür kassiert zu haben, dass sie in der Sitzung des Werchowna-Rada-Ausschusses gegen ein Gesetzesvorhaben gestimmt hätten, das Korruption bei der Bewertung von Immobilien unmöglich machen sollte. In der Folge wurde das Gesetz nicht beschlossen.

Noch im August versprach Dawyd Arachamija, Fraktionsvorsitzender von »Diener des Volkes«, Selenskyjs Team werde ein »Big Brother«-System einrichten, das die Abstimmungen der Abgeordneten aus der Fraktion des Präsidenten überwachen werde. Dank eines speziellen Algorithmus könne sozusagen jede denkbare Korruption verhindert werden. Doch es zeigte sich, dass für einen solchen Kampf gar kein System nötig war: In den Medien gab es genug Verdächtigungen und Informations-»Leaks«.

Das Gesetzesvorhaben über die Bewertung von Immobilien, für dessen Scheitern die elf Fraktionsmitglieder von »Diener des Volkes« verantwortlich gemacht wurden, sollte das korrupte System zerschlagen, das angeblich der Parlamentsabgeordnete Anton Jazenko geschaffen hatte. Das behaupteten zumindest die Verfasser des Dokuments. Die Mitglieder des parlamentarischen Ausschusses für Finanzen, Steuer- und Zollpolitik hatten für das Vorhaben gestimmt. Oleksandr Dubinskyj, einer der Parlamentsabgeordneten, denen Bestechlichkeit vorgeworfen wurde, erklärte wiederum, dass für das gescheiterte Dokument Immobiliengutachter Lobbyarbeit betrieben hätten und damit ein korruptes System das andere ersetzt hätte. Damit begründete Dubinskyj, warum er nicht für das Gesetzesvorhaben habe stimmen wollen.

Das Büro des Präsidenten der Ukraine schlug vor, den Konflikt mithilfe eines Lügendetektors zu lösen. Ohne eine Beteiligung von Fahndern des Antikorruptionsbüros, Mitarbeitern der speziellen Staatsanwaltschaft oder der Generalstaatsanwaltschaft.

Dawyd Arachamija versprach sogar einen Zeugen, der bei dem Bestechungsversuch anwesend war, im Fernsehen auftreten zu lassen. Dabei kann allein dann schon eine Untersuchung durch die Antikorruptionsbehörden eingeleitet werden, wenn jemand öffentlich beschuldigt wird, Bestechungsgelder angenommen zu haben. Zumal wenn es Zeugen gibt.

All diese Manöver endeten mit dem Pseudo-Lügendetektor, mit dem sich Dawyd Arachamija und Oleksandr Dubinskyj abwechselnd in Live-Ausstrahlungen testen ließen. Sowohl der eine wie der andere blieb bei seiner Aussage.

Im Großen und Ganzen hätten die »Diener des Volkes« ihre

internen Konflikte auch unter sich lösen können. Ohne Lügendetektor, Staatsanwaltschaft oder Büro des Präsidenten. Doch ist das nicht gelungen. In der Fraktion des Präsidenten hatte sich ein zu gemischtes Publikum versammelt. Die einen sagten, Ihor Kolomojskyj mit seinem Einfluss auf »Diener des Volkes« sei schuld, die anderen, die neu gewählten Abgeordneten seien ihrer Gier zum Opfer gefallen, und wieder andere meinten, die Fraktion, die sich aus 254 Deputierten zusammensetzt, sei dazu verurteilt, früher oder später zu einer politischen Titanic zu werden.

In den Skandal mit den gegenseitigen Korruptionsvorwürfen innerhalb der Fraktion musste sich schließlich auch Präsident Selenskyj einmischen. Während eines Besuchs in Japan erstellte er auf seiner Facebook-Seite einen Post, in dem er ausnahmslos allen Mitgliedern des Parlamentarischen Ausschusses für Finanzen, Steuer- und Zollpolitik (von denen die meisten Vertreter zur Partei »Diener des Volkes« gehörten) vorschlug, sich der Prüfung durch den Lügendetektor zu unterziehen. Nach den Worten des Präsidenten sollten sich, »wenn auch nur die geringste Wahrscheinlichkeit besteht, dass einer von den Abgeordneten Geld für die Abstimmung im Ausschuss genommen hat, die Antikorruptionsbehörden« mit ihnen »befassen«. Niemand werde geschont, weder die eigenen Leute noch die anderen. Die Frage war tatsächlich nur noch, wen Selenskyj zu den eigenen Leuten zählte und wen nicht.

Einer der Slogans aus Wolodymyr Selenskyjs Vorwahlkampf lautete: »Der Frühling kommt – beginnen wir zu setzen.« Der Präsidentschaftskandidat hatte den Ukrainern und Ukrainerinnen die »Festsetzung« der Korrupten aus der Amtszeit von Petro Poroschenko versprochen. Aber hinter Gittern landeten nur Einzelne. Bis zum 1. November 2019 hatte Selenskyj einen Bericht der Strafverfolgungsbehörden über ein entschiedenes Vorgehen bei öffentlichkeitswirksamen Korruptionsvorwürfen erwartet. Stattdessen wurden nun auch noch seine Mitstreiter der Korruption verdächtigt.

Die Geschichte der Vorwürfe gegen die elf Abgeordneten von »Diener des Volkes« verlief im Nichts. Keiner der Verdächtigten kam in den Knast, keiner von ihnen gab seine Befugnisse als Parlamentsabgeordneter ab.

Nach einem weiteren Monat erklärte die frühere Parlamentsabgeordnete von »Diener des Volkes«, Hanna Skorochod, dass in der Präsidentenfraktion Abgeordnete Zuschläge von 5000 Dollar erhielten. Natürlich bestritten dies ausnahmslos alle »Diener« kategorisch, insbesondere der damalige Chef der Werchowna Rada, Dmytro Rasumkow. Obwohl der Flurfunk die Informationen auch über die Zuschläge von den Fraktionsvorsitzenden bereits verbreitete, die angeblich noch um ein Vielfaches höher lagen als die der Abgeordneten.

Der Präsident kann, sooft er will, schwören, dass seine Absichten absolut rein sind, und zum Kampf gegen die Korruption aufrufen, doch wenn in seinem Team jemand mit Dreck an den Händen auftaucht, machen es Erklärungen des Präsidenten für ihn nur noch schlimmer. Selbst wenn alle »Ehemaligen« hinter Gittern landen würden.

Episode 27

WER SELENSKYJ ZUM JUNKIE MACHTE

Am 8. Februar 2019 reiste Selenskyj, damals schon Präsidentschaftskandidat, nach Lwiw, wo eine Benefizveranstaltung von »Kwartal 95« geplant war. Am Eingang zum Veranstaltungsort, der Lwiwer Zirkusarena, trafen er und seine Mitstreiter auf eine Gruppe aus Vertretern patriotischer Organisationen und Veteranen des Donbas-Kriegs. Sie umringten Wolodymyr und verlangten, er solle sich nicht zur Wahl stellen. Einer von seinen Gegnern sagte zu Selenskyj: »Wowa, lass halt diesen Drogentest machen. Wenn du clean bist, hast du doch nichts zu befürchten.«

Dieser Moment war es, in dem die Debatte losgetreten wurde, ob Selenskyj nun drogenabhängig sei oder nicht. Memes, Witze in den sozialen Netzwerken, ein Video, worin sich Wolodymyr nicht ganz passend verhält, kursierende Gerüchte, die Polizei sei, als Selenskyj noch Schauspieler war, häufiger mal gerufen worden, um ihn wieder zur Räson zu bringen, und so weiter. Das alles wurde von schwarzen Seelen in sämtlichen öffentlichen Foren und Medien verbreitet und den Polittechnologen regelrecht in den Mund gelegt.

Nach der ersten Runde der Präsidentschaftswahlen am 31. März erschien Selenskyj zu einem Briefing in einem merkwürdigen Zustand. Er sprach viel langsamer, und auch sein sonstiges Verhalten war nicht so, wie man es bisher im Verlauf der Wahlkampagne zu beobachten gewohnt war. »Junkie!«, lärmte es sofort wieder auf Facebook.

Selenskyj, der begriff, dass er diese Anschuldigungen vor der zweiten Wahlrunde entkräften musste, appellierte am 3. April an Petro Poroschenko, sich einem Drogentest zu unterziehen. Als er seinen Gegner per Video zur Debatte ins Olympiastadion einlud, verkündete Selenskyj: »Die Kandidaten werden dazu verpflichtet, sich einer medizinischen Untersuchung zu unterziehen und dem Volk zu beweisen, dass keiner von ihnen Alkoholiker oder drogenabhängig ist. Das Land braucht einen gesunden Präsidenten.« Selenskyj spürte, er würde, falls er sich nicht untersuchen ließe, was im Übrigen für Präsidentschaftskandidaten nicht verpflichtend ist, die Unterstützung eines Teils seiner Wählerschaft verlieren.

Poroschenkos Stab ließ sich auf Selenskyjs Forderung ein. Petro lud Wolodymyr für den 5. April ins Sanitätszentrum im Stadion. Doch dieser tauchte nicht auf. Poroschenko ließ sich Blut zur Analyse in gleich vier verschiedenen Kliniken abnehmen. Selenskyj erschien stattdessen in der Privatklinik Eurolab, die seinem alten Freund Andrij Paltschewskyj gehörte. Sein Blut ließ er sich von Wladislaw Kirjakulow abnehmen, seines Zeichens Masseur und früherer Teilnehmer der Kochshow *Meisterkoch* sowie Schauspieler in der Serie *Heiratsvermittler*. Was die Absurdität der Situation nur noch steigerte.

Poroschenkos Team beschuldigte ihn, sich damit einem unabhängigen Test auf Alkohol und Drogen entziehen zu wollen. Zusätzlich kamen wegen einer Unstimmigkeit Zweifel an den sowohl für Alkohol als auch Drogen negativen Testergebnissen von Eurolab auf – denn auf Facebook veröffentlichte Selenskyj ein Testergebnis mit Datum vom 2. April, seine Blutprobe hatte er aber doch erst am 5. April abgegeben. Der Fehler wurde natürlich korrigiert, wobei man sich darauf berief, die Klinik habe die Datensätze vertauscht. Dennoch, das Gefühl, dass da jemand ein Resultat zu fälschen versuchte, blieb hängen.

Petro Poroschenkos Wahlkampfteam und die dem fünften Präsidenten zuneigenden Medien hielten die Story von der Drogenabhängigkeit Selenskyjs weiter am Köcheln.

Am 11. April trat in der Fernsehsendung *Live* Denis Manschosow auf, Selenskyjs Freund aus Kindertagen und ehemaliger Kollege bei Studio Kwartal 95. Am selben Tag kündigte er an, bald in Kyjiw eine Pressekonferenz abhalten zu wollen. Worüber Selenskyjs alter Kumpel da hatte sprechen wollen, sollte niemand je erfahren – Manschosow führte zahlreiche Drohungen gegen seine Person ins Feld und erschien nicht vor den Journalistinnen und Journalisten, die gemeinsam mit dem Clan der Kwartaler auf sein Briefing warteten. Stattdessen ging er ins Radio zu Matwij Hanapolskyj, der ihm die Frage stellte, ob er je miterlebt habe, wie Selenskyj Drogen konsumierte. Wolodymyrs Freund verneinte das kategorisch und betonte, das alles sei Unfug, »den jemand sich aus den Fingern gesogen« habe. Der Moderator, so schien es, hatte eine andere Antwort erwartet. Und so hakte er nach: »Sie haben also nie gesehen, wie er etwas rauchte, schnupfte oder wie auch immer – und Sie halten das für unwahr?« Manschosow antwortete: »Ja, das ist unwahr.« Und das war es dann mit der »sensationellen Enthüllung«.

Dennoch lebte die Unterstellung »Selenskyj = Junkie« fort. Petro Poroschenko wurde zwischen der ersten und der zweiten Runde der Wahl nicht müde, auf allen Kanälen zu wiederholen: »Ich behaupte keineswegs, dass Wolodymyr Selenskyj drogenabhängig ist. Ich habe dafür keinerlei Beweise. Ich betone nur, dass Ukrainerinnen und Ukrainer das Recht haben, hundertprozentig sicherzugehen, dass der künftige Präsident und künftige Oberkommandierende der Streitkräfte in keinster Weise auf Drogen angewiesen ist.«

Und je öfter er »Selenskyj ist nicht drogenabhängig« wiederholte, desto öfter hörten die Menschen in der Ukraine und auch sein Hauptfeind Putin die Worte »drogenabhängig, drogenabhängig«.

Am 12. April 2019 sagte Rymma Selenska, Wolodymyrs Mutter, in einem Interview mit dem Sender *Hromadske Radio*, man beschuldige ihren Sohn zu Unrecht, drogenabhängig zu sein. »Er raucht noch nicht einmal Zigaretten, rein gar nichts«, gab sie an.

Einige Tage später berichtete Olena Selenska im Interview mit *Apostroph*, wie ihr angesichts der Drogenvorwürfe gegenüber ihrem Mann zumute war: »Wenn es da gar kein Problem gibt und auch nie eines gegeben hat, dann wird man dessen mit der Zeit natürlich ziemlich müde. Und nicht nur wir sind es leid, auch viele Bekannte, die zu Anfang vielleicht noch geschwiegen haben, obwohl wir natürlich niemanden per se auf unsere Seite zu ziehen versuchen. Wir treten nicht an Sänger oder Künstler, die uns seit vielen Jahren kennen, mit der Bitte heran, uns zu unterstützen. Aber es kommt vor, dass sie selbst diese Lügen nicht mehr aushalten und einfach sagen, wie es wirklich ist, und das tut gut. Uns tut es leid für unsere Eltern, die das sehr aufregt.«

Sollte irgendwer die Hoffnung gehegt haben, dass sich die Frage nach seiner Drogenabhängigkeit mit Selenskyjs Sieg erledigen würde, so wurde er rasch eines Besseren belehrt.

Am 6. Juli 2020 berichtete der prorussische Propagandist Anatolyj Scharij auf seinem Telegram-Kanal, seine Mitarbeiter hätten es geschafft, im Restaurant »Ryba« in Odessa im Rahmen einer Spezialoperation an Urin von Wolodymyr Selenskyj zu gelangen. Der Chef der nach ihm benannten Partei behauptete sogar, er habe eine Analyse des Materials auf Drogenrückstände in zwei verschiedenen Labors in der Ukraine und in Deutschland in Auftrag gegeben. Es heißt, mit den Resultaten habe Scharij dann versucht, Selenskyjs Team zu erpressen. Der kremlfreundliche Blogger gab sich auf seinem YouTube-Kanal alle erdenkliche Mühe, die Ukrainer und Ukrainerinnen an ihrem Präsidenten zweifeln zu lassen. Mit Kriegsbeginn wurde Scharijs Kanal in der Ukraine blockiert.

Am 25. Februar 2022, dem zweiten Tag des flächendeckenden russischen Angriffskrieges gegen die Ukraine, hielt Wladimir Putin eine Rede vor dem Russischen Sicherheitsrat und nannte die ukrainische Staatsführung darin »eine Bande von Drogenabhängigen und Neonazis«. Der russische Präsident hatte sich also den Mythos vom »Junkie Selenskyj« zu eigen gemacht und benutzte ihn zur Rechtfertigung seines Krieges gegen die Ukraine.

Nachdem es nun Putin ist, der den Präsidenten einen Junkie schimpft, so meine Hoffnung, dürfte die Diskussion um Selenskyjs Drogenabhängigkeit in der Ukraine wohl Geschichte sein.

Episode 28

SELENSKYJ UNTER JERMAK

Während Leonid Kutschmas erster Amtszeit wurde auf dem politischen Parkett gewitzelt, eigentlich sei es Kutschma, der für die Regierung von Präsident Dmytro Tabatschnyk arbeite. Das unterstrich, welch großen Einfluss der Präsidialamtschef besaß und wie er sich bemühte, alle und alles zu kontrollieren.

Genauso könnte man über Wolodymyr Selenskyj sagen, er arbeite für das Büro von Präsident Andrij Jermak, seinem langjährigen Freund, der sich, wenn schon nicht wie der Präsident, so doch mindestens wie der Vize-Präsident der Ukraine vorkomme.

Jermak und Selenskyj lernten sich kennen, als Letzterer noch den TV-Sender *Inter* leitete. Die »Internationale Anwaltskanzlei« Jermaks kümmerte sich um den Schutz von geistigem Eigentum und Urheberrechte. Zu ihren Klienten zählten die Inter Media Gruppe, Disney, Pixar und Universal. Andrij hatte 1995 das Kyjiwer Institut für Internationale Beziehungen an der Kyjiwer Taras-Schewtschenko-Universität abgeschlossen und einen Master in Internationalem Privatrecht erhalten. Zur gleichen Zeit studierten an der renommierten Hochschule die bekannten Politiker Micheil Saakaschwili, Wasyl Horbal, Witalij Bala und der künftige fünfte Präsident Petro Poroschenko. Die Kyjiwer Universität war also eine wahre Schmiede der neuen Politik-Elite des Landes.

Bis 2019 scheute Andrij Jermak eine aktive politische Tätigkeit. Achteinhalb Jahre lang – von Mai 2006 bis November 2014 – war er auf freiwilliger Basis Assistent von Elbrus Tadejew, einem Parlamentsabgeordneten der »Partei der Regionen«, gewesen. Diesen Status und den »Ausweis« als Assistent brauchte Andrij wohl, um sich unter den Mächtigen auf dem Petscherser Hügel, dem Regierungsviertel in Kyjiw, gelassen zu bewegen. Zunächst begleitete er verschiedene Unternehmen juristisch, später produzierte er selbst Filme. *Skwot 32* (Squad 32), *Prawylo boju* (Die Regel des Kampfes) oder *Mescha* (Die Grenze) waren Streifen, bei denen Andrij seine Finger im Spiel hatte. Bedeutende Erfolge erzielte Jermak im Kino allerdings nicht. Der ukrainisch-slowakische Film *Mescha* etwa spielte im Ausland zwei Millionen und in der Ukraine nur 46 000 Dollar ein.

Auch wenn die Bilanz beim Film bescheiden ausfiel, war die dort gemachte Bekanntschaft mit Wolodymyr Selenskyj für Andrij Jermaks Zukunft doch entscheidend. Zehn Jahre zuvor hatte er sich wohl kaum vorstellen können, wohin seine Freundschaft mit dem Artdirector von Studio Kwartal 95 noch führen würde. Doch standen die Sterne anscheinend so, dass aus den alten Kameraden auch Partner in der großen Politik wurden.

Am 21. Mai 2019 wurde Andrij Jermak der Assistent von Präsident Wolodymyr Selenskyj. Damals spielte in der Gefolgschaft des neu gewählten Staatsoberhaupts noch ein anderer Andrij die erste Geige, nämlich Andrij Bohdan. Auch er war Jurist und jemand, der glaubte, er selbst und nur er allein habe Selenskyj zum Präsidenten gemacht. Gegenüber dem ausgesprochen dynamischen Bohdan wirkte Jermak ruhig und vielleicht sogar ein bisschen phlegmatisch. Zumindest bis er sein Amt als Chef des Präsidentenbüros einnahm, kannte er seinen Platz genau und nahm sich nie zu viel heraus.

Vielleicht blieb Jermak gerade deshalb für etwa ein halbes Jahr der ständige Assistent Wolodymyr Selenskyjs bei den Verhandlungen mit Moskau. Er spielte sowohl beim Gefangenenaustausch als auch bei der Vorbereitung des Normandie-Gipfels in Paris eine Rolle. Damit wurde Andrij Bohdans Stil der stets öffentlich demonstrierten politischen Courage von einer Politik abgewechselt, die hinter den Kulissen stattfindet und zu deren Schöpfern Andrij Jermak gehört. Roman Bessmertnyj, der frühere ukrainische Vertreter in der trilateralen Kontaktgruppe von Minsk, behauptet, der heutige Chef des Präsidentenbüros sei eng mit dem russischen Establishment verbunden und verkehre mit vielen Mitgliedern von Präsident Wladimir Putins Regierung, beispielsweise mit Dmitrij Kosak und Wladislaw Surkow.

Zudem haben die Journalisten und Journalistinnen des Programms »Machenschaften« herausgefunden, dass der russische Geschäftsmann Rachamim Emanuilow und Jermak als Partner bei der Unternehmensberatung Interpromfinans Ukrajina, einer geschlossenen Aktiengesellschaft für Wirtschaftsconsulting, und bei der M.Je. P. GmbH kooperiert hatten. Darüber hinaus ist Emanuilow Miteigentümer von Interpromtorg, dem Unternehmen, das die Interprombank gegründet hat. Deren größter Aktionär wiederum ist Waleri Ponomarew, ein Mitglied des Föderationsrats der Bundesversammlung der Russischen Föderation aus dem Gebiet Kamtschatka. Ein weiterer Aktionär der genannten russischen Bank ist Iwan Sadtschikow, der Schwiegersohn von Sergej Prichodko, dem Ersten Stellvertretenden Stabschef der russischen Regierung. Über die Aktionäre der Interprombank ist er also auch mit Wladimir Putins Klassenkameraden Ilham Rahimow und Nikolaj Jegorow verbunden.

Jermak selbst gibt an, Emanuilow sei ein alter Kumpel seines Vaters gewesen. Sie hätten sich kennengelernt, als Andrijs Vater in der Sowjetischen Botschaft in Afghanistan tätig war. Jermak zufolge hat er Emanuilow auf dessen Bitte hin einfach nur geholfen, ein Unternehmen in der Ukraine zu registrieren. Mehr nicht. Es gebe keine Leichen im Keller, so Jermak. Doch seine Ausführungen beantworten nicht die wichtigste Frage, nämlich wie der gewöhnliche Jurist Andrij Jermak zum Hauptunterhändler mit Moskau aufsteigen konnte. Womit hat er sich das Vertrauen von Wladimir Putins Entourage verdient?

Im Herbst 2019 geriet Andrij Jermak erstmals in einen ernst zu nehmenden Skandal. Der US-Kongress hatte Einzelheiten eines Gesprächs zwischen ihm und Ihor Nowikow veröffentlicht, Selenskyjs Berater, der auch als Zukunftsforscher bekannt ist. Beim Treffen am 14. September mit Kurt Walker, einem ehemaligen Sonderbeauftragten des US-Außenministeriums, und William Taylor, dem zeitweisen Geschäftsträger der US-Botschaft in der Ukraine, sollen Jermak und Nowikow Ex-Präsident Petro Poroschenko für ihre toten und verletzten Brüder im Osten verantwortlich gemacht haben. Taylor erzählte seinerzeit, beide hätten dazu auf ihren Handys Fotos von Verwandten gezeigt. Die, wie sich herausstellte, Gott sei Dank am Leben waren. Jermak bestritt diese Angaben des US-Außenministeriums und bezeichnete sie als verzerrt. Der Lack war nun aber angekratzt, wie man so sagt.

Später, im Frühjahr 2020, als Andrij Jermak bereits Leiter des Präsidentenbüros war, wurde dann sein Bruder Denys in einen Korruptionsskandal verwickelt. Heo Leros, ein Parlamentsabgeordneter von der Partei »Diener des Volkes«, hatte Videoaufnahmen veröffentlicht, auf denen ein Mann, der Jermaks Bruder ähnlich sah, seinen Gesprächspartnern Anstellungen in den Regierungsorganen in Aussicht stellte.

Natürlich nicht umsonst. Aus den Videoaufnahmen waren Datum und Uhrzeit ersichtlich, nämlich der 20. August, der 16. und 23. September und der 3. Oktober 2019. In den Gesprächen wurden Summen, Posten und Methoden zur Lösung des »Problems« genannt. Erwähnt wurden Posten in der Kyjiwer Zollbehörde, im Ministerium für Infrastruktur, bei der nationalen Eisenbahngesellschaft Ukrsalisnyzja und in vielen anderen Behörden, zu denen der jüngere Jermak-Bruder verhelfen wollte. Und zwar durch seinen Bruder. »Jetzt kommt mein Bruder ins Spiel. Ich fahre in die Bankowa, und wir besprechen alles«, sagte Denys.

Die Sonderstaatsanwaltschaft für Korruptionsbekämpfung, das Nationale Antikorruptionsbüro und das Staatliche Ermittlungsbüro begannen den Fall Denys Jermak zu untersuchen. Andrij sah sich gezwungen zu bestätigen, dass auf dem Video sein Bruder Denys zu sehen war. Der wiederum erklärte, er sei ein freier Bürger, kein Beamter und habe daher das Recht, als Leiter der NGO »Ukrainisches Büro für nationale Entwicklung« zu reden, mit wem er wolle. Bereits am 30. März reichte das Staatliche Ermittlungsbüro eine Klage ein, allerdings gegen Leros, und zwar wegen der Veröffentlichung des Videos mit dem Bruder Andrij Jermaks. Am 23. April änderte die Sonderstaatsanwaltschaft für Korruptionsbekämpfung den Vorwurf im Fall Denys Jermak von »Missbrauch von Einfluss« in »Betrug« um und übergab ihn der Nationalpolizei.

Obwohl sein Bruder daran beteiligt war, führte der Korruptionsskandal nicht zum Rücktritt des Präsidentenbüro-Chefs. Vielmehr drohte Andrij Heo Leros mit Unannehmlichkeiten und versuchte herauszufinden, wer die Aufnahmen von Denys gemacht hatte. Interessanterweise wurde auf diesen Skandal nicht direkt reagiert, auch nicht von Präsident Selenskyj, der doch im Wahlkampf versprochen hatte, vehement gegen Korruption unter seinen Mitarbeitern vorzugehen. Nur zwei Monate später bezeichnete Selenskyj Denys Jermak in einem Interview mit der *Ukrajinska prawda* als »Großmaul«. »Und wie er vorgeführt worden ist … Dabei ist er nur ein Großmaul. Ich halte ihn für ein Großmaul. Ich finde es nicht richtig, es ist ein großer Fehler. Er wollte doch nur irgendwie helfen. So ist er eben, wissen Sie. Als der Krieg anfing, ist er zur Antiterroristischen Operation gelaufen, kämpfte dort, half als Freiwilliger. Wenn bei Ukrsalisnyzja etwas nicht stimmt, muss man eben gute Leute finden. So ein Mensch ist er.« Und er fügte hinzu, dass er Heo Leros für einen »Betrüger« halte.

Was sonst sollte Wolodymyr Selenskyj über Denys Jermak sagen? Er konnte ja schlecht die Schuld des jüngeren Bruders seines Stabschefs eingestehen. Denn dann hätte es ausgesehen, als würden der ältere Jermak-Bruder und Selenskyj selbst das »Großmaul« decken.

Am 28. August 2020 ungefähr um 22 Uhr zündeten Unbekannte das Auto von Heo Leros an. »Mein Auto ist verbrannt, verf*ckte Sch*ße«, schrieb der Abgeordnete. Zwei Tage danach sagte Präsident Selenskyj bei seinem Auftritt auf einem Parteikongress von »Diener des Volkes«, manche der Abgeordneten hätten wohl vergessen, weshalb sie in die Werchowna Rada gekommen seien, und bezeichnete sie als »Mikroben«. »Ich bin sicher, dass wir sie nie auf der Straße des Erfolges sehen werden und dass die Geschichte sich nicht an ihre Namen erinnern wird«, sagte Selenskyj.

Doch Heo Leros beschuldigte von der Tribüne der Werchowna Rada herab als Nächsten schon Selenskyj selbst, er decke Korruption. Den Worten des Abgeordneten zufolge kontrollierte nämlich der Chef des Inlandsgeheimdienstes, Iwan Bakanow, Schmuggel, illegalen Alkohol- und Drogenhandel sowie den Handel mit den vorübergehend besetzten Gebieten der Ukraine (ORDLO).

»Herr Präsident, Sie haben das alte System nicht bekämpft, sondern sind einfach Teil von ihm geworden. Sie selbst haben das ganze Land mit Ihren lügenhaften Mikroben infiziert. Sie haben die Chance auf einen großartigen Staat vertan und stattdessen Umschläge von Oligarchen angenommen«, führte Leros aus. Innerhalb nur eines Tages wurde er aus der Fraktion von »Diener des Volkes« ausgeschlossen und noch ein paar Tage später wegen angeblich nicht gezahlter Steuern vom Staatlichen Ermittlungsbüro verhört. Selenskyj nannte Heo einen korrupten Menschen und einen Verräter.

Das Büro des Präsidenten deutete mehrmals an, dass all die Angriffe von Heo Leros das Werk des früheren Stabschefs Andrij Bohdan gewesen seien. Obwohl dieser bestritt, in die Veröffentlichung des Gesprächsmitschnitts von Jermaks Bruder verwickelt gewesen zu sein. Auch Leros betonte, dass Bohdan in keinerlei Verbindung zu seinen Aktivitäten stehe.

»Der Grund, weshalb der Präsident mich ›Betrüger‹ genannt hat, war meine Kritik an Andrij Jermaks Vorgehen bei der Regelung des Krieges in der Ostukraine. Er nannte mich so, nachdem er das Dokument zur Einrichtung der trilateralen Kontaktgruppe in Minsk unterzeichnet hatte. Diesem sollten nämlich auch Repräsentanten der besetzten ukrainischen Gebiete angehören. Als sich die Öffentlichkeit von diesem Vorgehen entrüstet zeigte, zog sich Selenskyjs Team zurück. Und ich wurde als Präsidentenberater gefeuert«, erzählte mir Leros. Er sagte, er habe geglaubt, wegen seines öffentlichen Rufs gegen sein eigenes Team vorgehen zu müssen. Den Worten Heos zufolge war er nicht aus geschäftlichem Interesse zu den Parlamentsabgeordneten gestoßen: »Ich wollte gar nicht an den Finanzströmen sitzen. Ich bin vielmehr angetreten, um etwas zu bewegen, um Resultate zu erzielen.«

Heo Leros weigert sich zu sagen, wie er an die Videos mit Jermaks Bruder gekommen war. Seinen Angaben zufolge waren zwei Personen in die Sache verwickelt. »Möglicherweise führte jemand verdeckte Ermittlungen im Rahmen irgendeines Strafverfahrens, welches später eingestellt wurde. Ich bezweifle, dass einfach aus dem Nichts heraus zwei Leute mit Spezialgeräten den Bruder des damaligen Assistenten des Präsidenten aufnehmen konnten.« Der Parlamentsabgeordnete sagt, das Büro des Präsidenten habe ihm gegenüber angedeutet, »die Sache gütlich regeln« zu wollen, doch er habe sich kategorisch geweigert.

»Ich habe die Aufzeichnungen veröffentlicht, ich habe die Information über die sogenannten Mehrwertsteuer-Betrügereien veröffentlicht, ich habe die Unterlagen darüber veröffentlicht, dass ein ›Dieb im Gesetz‹ für Jermak die Hauptstadt ausnimmt. Niemand wurde entlassen, niemand verhaftet. Ich habe ein halbes Jahr darauf gewartet, dass der Präsident jemanden verhaften lässt. Stattdessen wurden gegen mich Strafverfahren eröffnet, um mich politisch zu zerstören. Brauchen Sie weitere Beweise dafür, dass Präsident Selenskyj für das verantwortlich ist, was in der Ukraine geschieht? Wenn Präsident Selenskyj mich einen Verräter und einen korrupten Menschen nennt, legt er dafür keinerlei Beweise vor. Ich dagegen liefere konkrete Beweise, wenn ich sage, dass seine Vertrauten bestechlich und verantwortlich sind«, so Leros.

Aber kehren wir zum beruflichen Aufstieg von Andrij Jermak unter Selenskyj zurück. Im Herbst 2019 gewann er weiter an politischem Gewicht im Präsidentschaftsgefolge und drängte Andrij Bohdan in den Hintergrund. Jermak wurde für den Präsidenten immer unentbehrlicher – sei es bei den Verhandlungen in Moskau, bei der Organisation von Selenskyjs Privatleben oder bei der Begleitung des Staatsoberhaupts auf Auslandsreisen.

Ein Ende fand die Geschichte der Auseinandersetzung zwischen Jermak und Bohdan um den Zugang zu den »Organen« mit Wolodymyr Selenskyjs Reise in den Oman. Am 5. Januar 2020 wurde Wolodymyr an den Ufern des Indischen Ozeans gesichtet. In der Ukraine ahnte absolut niemand etwas von der Abreise des Staatsoberhaupts. Daher gab es allgemeines Erstaunen, als ein Foto von ihm auftauchte, das ihn im Oman zeigte. Es dauerte jedoch nicht lange, bis das Büro des Präsidenten mitteilte, Selenskyj halte sich für Gespräche auf allerhöchster Ebene dort auf. Als Beweis wurde ein Foto des ukrainischen Präsidenten mit dem geschäftsführenden Präsidenten des Staatlichen Reservefonds im Oman, Abdulsalam al-Murshidi, und dem für Auswärtige Angelegenheiten zuständigen Minister des Sultanats Oman, Youssef bin Alawi bin Abdullah, veröffentlicht. Neben ihm auf dem Foto war Andrij Jermak zu sehen. Seine Anwesenheit sollte Zweifel zerstreuen: Selenskyj war nicht nur zur Erholung im Oman, sondern arbeitete dort auch.

Bereits nach der dramatischen Rückkehr von Wolodymyr in die Ukraine – weil ein Flugzeug von Ukraine International Airlines von Iranern abgeschossen worden war – tauchten mehr als ein Dutzend weiterer Theorien dazu auf, wen Selenskyj im Oman tatsächlich getroffen habe. Eine der am häufigsten genannten Versionen lautete, er habe sich mit Vertretern Russlands getroffen, die, wie es hieß, das Foto von Wolodymyr in T-Shirt, Slippern und Baseballkappe sehr meisterhaft ins Internet geleakt hätten. Was sich auch immer abgespielt haben mag, in Erinnerung bleibt: Im Oman wurde Selenskyj von Andrij Jermak begleitet, obwohl diese Reise, wie Wolodymyr anschließend einräumte, von seiner Frau Olena bezahlt wurde. So gab man dann doch zu verstehen, dass es sich um einen Familienurlaub gehandelt habe.

Nach dem Oman war das Schicksal Andrij Bohdans faktisch besiegelt. Am 11. Februar 2020 reichte er seinen Rücktritt ein, und an seiner Stelle kam Andrij Jermak, der praktisch sofort begann, sich als zweiter Mann im Staat hinter Selenskyj zu positionieren. Der Pressedienst des Präsidentenbüros begann, über Jermaks Visiten und Gespräche zu berichten, Fotos zu verbreiten, auf denen Jermak dem Staatsoberhaupt weise Ratschläge gibt, usw.

Im August 2020 nannte der Journalist Jurij Butusow den Namen Andrij Jermak zusammen mit denen von Beamten, die möglicherweise am Scheitern der Sonderoperation »Wagner« beteiligt gewesen waren. Dem Journalisten zufolge sollten 33 in Belarus festgenommene Mitglieder der Gruppe Wagner am 29. Juli wegen Verbrechen, die sie im Donbas begangen hatten, vor einem ukrainischen Gericht erscheinen. Allerdings, so Butusow weiter, scheiterte die Sonderoperation, weil sie verschoben worden war, um kurz vor Ausrufung eines neuen Waffenstillstands im Osten des Landes Streit mit dem Kreml zu vermeiden. Selenskyjs Team bestritt ein ganzes Jahr lang allein die Tatsache, dass eine solche Sonderoperation durchgeführt werden sollte. Als jedoch Journalisten und Journalistinnen des Recherchenetzwerks *Bellingcat* ankündigten, die Umstände untersuchen zu wollen, die zum Abbruch der Sonderoperation geführt hatten, räumte das Büro des Präsidenten ein, die inländischen Nachrichtendienste hätten tatsächlich eine Verhaftung der Wagner-Söldner vorbereitet. Die Durchführung der Sonderoperation war aber, nach Selenskyjs eigenen Angaben, verschoben worden, wie in Episode 36 noch genauer ausgeführt werden wird.

Am 17. November 2021 veröffentlichte *Bellingcat* seinen Bericht über die Wagner-Söldner. Es wurden darin jedoch keine direkten Beweise dafür angeführt, dass Jermak selbst die Sonderoperation an die Russen verraten hätte. Wie es sich auch immer zugetragen hat: Der Chef der Hauptabteilung für Aufklärung beim Verteidigungsministerium, Wasyl Burba, beharrt darauf, im Büro von Präsident Selenskyj gebe es einen russischen »Maulwurf«, der mehrfach bewusst Sonderoperationen ukrainischer Sicherheitskräfte gestört habe. Den Namen dieser Person werden wir wahrscheinlich erst nach dem Sieg der Ukraine über Russland erfahren. Vorausgesetzt natürlich, ein solcher »Maulwurf« hat überhaupt je existiert.

Episode 29

SELENSKYJS DREAM TEAM

Am 12. April 2019 erwartete Emmanuel Macron in Paris Wolodymyr Selenskyj und Petro Poroschenko.

Zwischen der ersten und zweiten Runde der Präsidentschaftswahl wollte der französische Staatschef beide Kandidaten empfangen. Poroschenko war ihm natürlich bereits lange vertraut, sowohl aus den Gesprächen im Normandie-Format wie aus bilateralen Kontakten. Während sich der Empfang des ukrainischen Präsidenten also ganz natürlich ausnahm, wie eben ein Treffen zweier Präsidenten, war der Auftritt des Politiknovizen Selenskyj im Elysée eine Herausforderung für das eingespielte System. Ein Schauspieler trifft auf den Präsidenten Frankreichs.

Die Finalisten der ersten Runde der ukrainischen Präsidentschaftswahlen reisten nicht gemeinsam nach Paris. Selenskyj kam mit einem Linienflug, auf dem er freigiebig Selfies mit Passagieren machte, die diese Fotos natürlich in den sozialen Meiden teilten. Poroschenko ließ sich von der ukrainischen Regierungsmaschine nach Frankreich fliegen. Petro wurde in Paris begrüßt, wie es einem Staatsgast gebührt, also auch mit der Republikanischen Garde. Wolodymyrs Empfang fiel bedeutend kleiner und informeller aus.

Während des Treffens mit Macron war Selenskyj sichtlich nervös. Seine Gesten, Bewegungen und sein Gesichtsausdruck verrieten den politischen Neuling, der von Emmanuel Macron bisher nur in der Zeitung gelesen hatte. Allerdings nutzte Selenskyj genau dieses Treffen mit dem französischen Präsidenten, um sein Team zu präsentieren – bestehend aus Ruslan Rjaboschapka, Oleksandr Danyljuk und Iwan Bakanow. Dieses Trio und seine Frau Olena hatten Wolodymyr nach Paris begleitet und halfen ihm, sich in den Nuancen der Etikette auf internationalem Parkett zurechtzufinden.

»Bei der Planung des Besuchs ging die Initiative hauptsächlich von Danyljuk aus, dann haben wir uns eingeklinkt. Es entstand der Eindruck, dass die französische Seite auch Interesse an einem Treffen hatte, der französische Präsident wollte klare Führung zeigen, sich an die Spitze Europas setzen, und es war deutlich, dass die Ukraine für ihn eines der wichtigen Länder war, mit denen Frankreich dabei würde zusammenarbeiten müssen. Deswegen wurde dieses Treffen möglich. Danyljuk und ich, wir nahmen die Vorbereitungen auf uns. Die Festschreibung des Formats, die Ausarbeitung der Diskussionsgrundlage, worüber wir mit dem französischen Präsidenten würden sprechen können, die Ausarbeitung eines Gesprächsleitfadens für Selenskyj und die Vorbereitung von Selenskyj selbst, all das hatten wir richtig gut hinbekommen. Die Vorbereitung war auf beiden Seiten gut. Selenskyj und Macron verstanden einander schon nach dem ersten Halbsatz. Die Akzente, die wir Selenskyj setzen ließen, stießen bei Macron auf Resonanz. Das Gefühl nach dem Gespräch war positiv und ermutigend. Wir hatten den Eindruck, mit Frankreich eine gute Zusammenarbeit aufbauen zu können. Macron und Selenskyj sind ja ungefähr im selben Alter und auch ungefähr um dieselbe Zeit in die Politik eingestiegen. Damit war es mit Ähnlichkeiten aber auch schon getan«, erinnert sich Ruslan Rjaboschapka.

Das »Beschnuppern« in Paris hatte also geklappt. Einer ihrer Personenschützer fotografierte das hocherfreute Quartett nach dem Verlassen des Elysée-Palasts. Auf seiner Facebook-Seite kommentierte Wolodymyr das Foto lakonisch mit – »Dream Team«. Damals schien ihr Zusammenhalt keine Grenzen zu kennen. Wolodymyr und seinen Mitstreitern eröffneten sich bedeutende politische Perspektiven. Die Ukraine wartete auf ihren Macron.

Neun Tage nach dieser Reise wurde Selenskyj ins Präsidentenamt gewählt. Nach Wolodymyrs Amtseinführung wurde Iwan Bakanow, sein Nachbar aus Krywyj Rih, ukrainischer Geheimdienstchef. Ruslan Rjaboschapka war zunächst als Stellvertretender Leiter des Büros des Präsidenten vorgesehen, wurde dann aber Generalstaatsanwalt. Oleksandr Danyljuk wurde Sekretär des Nationalen Sicherheits- und Verteidigungsrates.

Doch bereits während des »Turboregimes«, mit dem die siegreichen »Diener des Volkes« mit ihrer absoluten Mehrheit Druck im Staat machten, löste das »Dream Team« sich auf. Als Erster verließ es Oleksandr Danyljuk, der schon unter Poroschenko dessen Präsidialverwaltung geleitet hatte und dann Finanzminister gewesen war. Er reichte am 27. Oktober 2019 seinen Rücktritt ein. Offenbar fühlte er sich als Sekretär des Nationalen Sicherheits- und Verteidigungsrates nicht wirklich in seinem Element. Selenskyj zufolge war Danyljuk beleidigt, weil er nicht Ministerpräsident geworden war. Der Ex-Sekretär selbst behauptet, Auslöser seines Rücktritts sei die mögliche Revision der Privatisierung der PrivatBank gewesen. Er hatte sich in aller Entschiedenheit dagegen ausgesprochen. Seine Position hatte wiederum dem früheren Kolomojskyj-Anwalt und damaligen Leiter des Präsidentenbüros Andrij Bohdan nicht geschmeckt. Selenskyj unternahm nichts, um Danyljuk im Team zu halten.

Als Zweiter wurde Ruslan Rjaboschapka aus dem »Dream Team« gegangen. Ja, richtig, er »wurde gegangen«. Zwölf Jahre im Justizministerium hatte er auf dem Buckel, hatte im Kabinett Asarow dem Büro für Fragen der Antikorruptionspolitik vorgestanden und dann der neu gegründeten Nationalen Agentur für Korruptionsprävention angehört. Am 29. August 2019, dem ersten Tag der Legislaturperiode der neu gewählten Werchowna Rada, hatten die Abgeordneten von »Diener des Volkes« Ruslan Rjaboschapka mit ihrer absoluten Mehrheit zum Generalstaatsanwalt berufen. Und Wolodymyr Selenskyj hatte ihn im berühmten Telefonat mit Donald Trump als »zu 100 % mein Mann« beschrieben. Dabei erwartete er von Rjaboschapka zuallererst die Eröffnung von Strafverfahren gegen Petro Poroschenko. Doch da tat sich dann nichts. In der Werchowna Rada versuchte man, ein Misstrauensvotum gegen Generalstaatsanwalt Rjaboschapka auf den Weg zu bringen. Über 100 Abgeordnete aus den Fraktionen von »Diener des Volkes«, »Oppositionelle Plattform – Für das Leben« und »Vaterland« sowie aus der Gruppe »Für die Zukunft« beteiligten sich an der Unterschriftensammlung.

Als Grund für das angeblich bestehende Misstrauen hieß es in der beigefügten Erklärung: »Nach über sechsmonatiger Amtszeit hat Generalstaatsanwalt Ruslan Rjaboschapka keine Anstrengungen bezüglich der Ermittlungen in Sachen illegaler Handlungen hochrangiger Staatsdiener unternommen.« Am 4. März sollte Rjaboschapka abgesetzt werden. Vor der Abstimmung im großen Sitzungssaal wandte er sich mit einer emotionalen Botschaft an das Plenum: »Ich bin niemandem zu Diensten gewesen. Ich war und ich bleibe unabhängig. Ein unabhängiger Generalstaatsanwalt lässt sich nicht nötigen, ihn kann man nur entlassen. Und ich gehe auch. Aber ich gehe, um wiederzukommen«, so lautete Rjaboschapkas Schlusswort, woraufhin er demonstrativ zum Ausgang schritt und sich so der Befragung durch die Abgeordneten entzog.

Wenige Stunden vor der Abstimmung hatte Selenskyj Ruslan Rjaboschapka noch einen »guten Spezialisten« genannt, der nur leider »nicht geliefert hat«. An diesem Tag nicht im Parlament, sondern auf einem Arbeitsbesuch in der Region Poltawa, hatte er gesagt: »Ich bin mir sicher, dass sie alle kommen werden, ts, ts, ts, der Generalstaatsanwalt ist doch unantastbar. Aber wissen Sie, wir sind zusammen einen langen Weg gegangen, schon während der Wahlkampagne. Lassen wir die Abgeordneten abstimmen, wie sie wollen, meine persönliche Meinung dazu ist ziemlich simpel: Wenn er nicht liefert, soll er auch den Posten nicht besetzen. Das ist nur fair, wenn man es mal so sieht.«

Drei Monate nach seiner Absetzung sollte Rjaboschapka sagen, das Verfahren seiner Entlassung habe gegen ukrainisches Gesetz verstoßen: »Was den subjektiven Eindruck dessen angeht, wie der Präsident und ich uns da entzweit haben, so habe ich dazu natürlich gewisse starke Gefühle, und es sind tatsächlich nicht die freundlichsten. Sicher ist das, was er da getan hat, eines Präsidenten auch nicht würdig und würde sich in zivilisierten Ländern so nicht abspielen.«

Später erzählte er mir in einem Interview, Selenskyj habe nie recht begriffen, was die Rolle des Generalstaatsanwalts sei: »Er hatte keine Ahnung, wie das System der Institutionen zur Korruptionsbekämpfung aufgebaut ist, ganz zu schweigen von den Spezifika seiner Funktionsweise. Er hatte keine Ahnung vom System der Strafjustiz im Allgemeinen. Hontscharuk meinte ja mal, wenn er über Wirtschaft rede, sei im Kopf des Präsidenten nur Nebel, genauso ist es auch mit dem Rechtssystem – nur Nebel. Dem hatten wir schon während der Wahlkampagne in unzähligen Meetings zu begegnen versucht, uns bemüht, ihm zu erklären, wie es wo läuft, wie es eigentlich laufen sollte, wo aktuell die Probleme liegen … Aber leider hat er sich das alles irgendwie nicht gemerkt«, so Rjaboschapka.

Elf Monate nach Selenskyjs Wahl sollte vom so gepriesenen »Dream Team« also nur noch Kindheitsfreund Iwan Bakanow übrig sein.

Diejenigen, die Selenskyj an die Macht geführt und ihm die

Türen zur internationalen Politik geöffnet hatten, waren ihm nicht länger von Nutzen.

Rjaboschapka meint, das Team, das ihn zum Wahlsieg geführt habe, sei schon ein halbes Jahr später für Selenskyj entbehrlich geworden: »Schwer zu sagen, wann und wo genau sich seine Haltung oder seine Weltanschauung so verändert hat. Vielleicht ab dem Zeitpunkt, da er sich fest im Sattel wähnte, seine Präsidentschaft nicht mehr als bedroht ansah. Da begann er, sich derer zu entledigen, die ihm nicht mehr genehm waren oder die er für nicht loyal genug hielt. Das muss irgendwann um Neujahr [2020 – A. d. A.] herum gewesen sein, als klar war, die Fraktion arbeitet, die absolute Mehrheit stimmt ab, die Strafverfolgungsbehörden sind in seiner Hand und es gibt niemanden mehr, den er fürchten müsste. Da begann dieser Wandel bei ihm«, erinnert sich der vormalige Generalstaatsanwalt.

Politikberater Serhij Hajdaj sieht Selenskyjs Hauptproblem nicht nur in seiner Inkompetenz, sondern darüber hinaus vor allem darin, dass er diese nicht wahrhaben wolle: »Wäre Selenskyj sich des Ausmaßes seiner Inkompetenz bewusst gewesen, hätte es für ihn ein mögliches Szenario in zwei Phasen gegeben: In einer ersten Phase hätte er sich gleich in den allerersten Monaten alle heranholen müssen, die den ukrainischen Staatsaufbau wie ihre Westentasche kennen, sich täglich ein bis zwei Stunden in einem abgesonderten Raum mit ihnen zusammensetzen und alles durchnehmen. Er hätte sehr zügig versuchen müssen zu verstehen, was er da in seinen Händen hielt. Er wäre dann ein komplett anderer Selenskyj geworden. Ich glaube, er weiß noch immer nicht, was Sache ist, weder auf zentraler noch auf lokaler Ebene. So wurde auch er wieder nur eine Geisel des Systems. Das System diktiert sogar, wie er selbst zu leben hat, dass er zum Beispiel nicht aus der Bankowa wegkommt, weil man das eben so macht. Das System sagt, ohne Autokolonne geht es nicht, das System sagt, das Arbeiten auf dem Landsitz ist doch so toll, obwohl Selenskyj verkündet hatte, nie in diesem Landsitz residieren zu wollen. Und fertig aus. Wasyl Holoborodko ist Geschichte. Jetzt ist da ein Selenskyj, dem das System sagt, welche Prozeduren zu befolgen sind, wie die Regeln lauten, was er zu tun hat. Hätte er sich klargemacht, wie alles konstruiert ist, könnte er anders agieren.

Für den anderen Selenskyj hätte es in der zweiten Phase des Szenarios dann so laufen können: Im Anschluss an sein gründliches Studium des Systems hätte er sich andere Spezialisten eingeladen, die nicht dem System angehören, eventuell aus dem Ausland. Zu denen hätte er gesagt: ›Ich kenne die Architektur der Macht in der Ukraine in- und auswendig. Sie sagen mir jetzt, ob dieser Staatsaufbau so in Ordnung ist oder reformiert werden muss! Da die herrschende Klasse hier 29 Jahre lang korrupt, kriminell und völlig unmoralisch war, kann sie wohl kaum ein vernünftiges Staatswesen aufgebaut haben. Sie hat sich ein System konstruiert, das ihren kriminellen Interessen diente. Wie können wir das ändern?‹ Diesen Selenskyj gibt es aber nicht«, so Hajdaj.

Episode 30

DIE ARCHITEKTIN SELENSKYJS

Am 6. September 2003 erschien Wolodymyr Selenskyj mit seinen Freunden von Kwartal, Oleksandr Pikalow, Serhij Schefir, Jurij Korjawtschenkow, Olena Krawez, und seinen Eltern auf dem Hof von Olena Kijaschko in Krywyj Rih. In einem hellen Anzug mit Krawatte und einem Blumenstrauß in der Hand war der künftige Präsident für die Hochzeitszeremonie bereit.

Damit erreichte die acht Jahre zuvor begonnene Liebesgeschichte zwischen ihm und Olena, einer Schülerin aus der Parallelklasse der Schule Nr. 95 in Krywyj Rih, ihr vorläufiges Happy End. Hinter Olena lagen Dutzende gemeinsame Reisen zu Shows und KWS-Festivals, fröhliche Feiern und vorübergehende Trennungen. Vor ihr lagen ein gemeinsames Leben, die Eroberung der Gipfel im Showbusiness und die Position als First Lady der Ukraine.

Hätte damals jemand zu Olena gesagt, dass ihr Mann ukrainischer Präsident werden würde und sie First Lady, hätte sie das niemals geglaubt. Zumindest 2003 wirkte die Vorstellung völlig utopisch.

Obwohl sie Parallelklassen besucht hatten, lernten sich Wolodymyr und Olena erst nach der Schule kennen. Er studierte Jura am Ökonomischen Institut von Krywyj Rih, sie Architektur an der dortigen Universität. Oleksandr Pikalow, Schauspieler von »Kwartal 95« und langjähriger Freund von Selenskyj, behauptet, er hätte von Olena extra eine Videokassette geliehen und von Selenskyj zurückbringen lassen, damit sie Wolodja kennenlernte. Daraus habe sich eine Freundschaft entwickelt, die dann zur acht Jahre andauernden Liebesgeschichte wurde und in eine Heirat mündete. Selenska dagegen meint, dass alles viel einfacher war: Sie sei mit einer Freundin die Straße entlanggegangen, Wolodymyr kam ihr mit den Jungs entgegen. »Wir lebten in der gleichen Gegend. Also kam eins zum anderen, wir trafen uns, lernten uns kennen und waren dann zusammen. Zuerst war ich für eine Beziehung nicht bereit, aber er hat sein Ziel doch erreicht«, sagte sie.

Obwohl Olena Kijaschko ihr Studium mit Auszeichnung abgeschlossen hat, hat sie nie als Architektin gearbeitet. So wie Wolodymyr Selenskyj letztendlich nicht als Jurist tätig war. Stattdessen galt das gemeinsame Interesse des Paars dem KWS, woraus später Studio Kwartal 95 hervorging. Er wurde Artdirector, sie schrieb Drehbücher für das *Abend-Kwartal* und das *Frauen-Kwartal*.

2005 brachte Olena die gemeinsame Tochter Oleksandra auf die Welt und 2013 Sohn Kyrylo. Oleksandra wurde übrigens von Olena Krawez' Mann Serhij getauft, und da Olena nicht getauft war, taufte Krawez sie gleich mit.

Die Kinder der Selenskyjs besuchten eine Eliteschule.

Die Tochter der Selenskyjs hat bereits in der Sendung *Bringen Sie den Komiker zum Lachen* auf dem Bildschirm geglänzt und war im Kino zu sehen. 2016 verdiente sie am Projekt ihres Vaters 50 000 Hrywnja, die sie für wohltätige Zwecke spendete. Die Teilnahme seiner Tochter kam für Wolodymyr selbst unerwartet. »Sie und Olena hatten einmal angekündigt, sich an dem Projekt versuchen zu wollen. Meine Antwort lautete: ›Auf gar keinen Fall!‹ Zur Aufzeichnung der nächsten Ausgabe erschienen sie nicht. So schläferten sie meine Wachsamkeit ein, und ich entspannte mich. Dann habe ich sie gar nicht mehr erwartet. Die Witze hat sie mithilfe von Olena und einem der Jungs vorbereitet«, erzählte er in einem Interview.

Bis zu den Präsidentschaftswahlen stand Selenska im Schatten ihres Mannes. Sie vermied übermäßige Publicity und lehnte die Teilnahme ihres Mannes am Wahlkampf kategorisch ab. »Ich bin keine öffentliche Person. Aber die neuen Realitäten erfordern ihre eigenen Regeln, und ich versuche, den Erwartungen zu entsprechen. Ich will nicht sagen, dass Öffentlichkeit oder Pressekontakte für mich Stress bedeuten. Aber ich bleibe lieber hinter den Kulissen. Mein Mann stand immer im Vordergrund, ich fühle mich im Schatten wohler. Ich bin nicht die Seele des Unternehmens, ich reiße nicht gern Witze. Das liegt mir nicht. Aber ich habe für mich selbst Gründe gefunden, die für die Öffentlichkeitsarbeit sprechen. Einer davon ist die Möglichkeit, die Aufmerksamkeit der Menschen auf wichtige soziale Fragen zu lenken. Das gilt aber nicht für die Publicity meiner Kinder: Ich habe bis heute in den sozialen Medien keine Fotos von ihnen gepostet und werde das auch nicht tun«, bekannte sie in einem Interview mit *Vogue UA* im November 2019.

De jure besaß die Ehefrau von Wolodymyr zur Zeit der Wahlen 0,01 % an der Studio Kwartal 95 GmbH und 25 % an der Selari Fisch GmbH, die hauptsächlich Fisch, Krebs- und Weichtiere verarbeitet und konserviert. Außerdem ist sie Aktionärin von Aldorante Limited und wirtschaftliche Eigentümerin von Film Heritage inc, San Tommaso S. R. L. Ihr Vater Wolodymyr Kijaschko leitete früher die Kryworischmonolitbud GmbH und Technoimpuls GmbH, die Metallkonstruktionen und Betonmischungen für Gebäude herstellen. Nach dem Sieg von »Diener des Volkes« bei den Parlamentswahlen 2019 wurde Kijaschko auf freiwilliger Basis Assistent des Parlamentsabgeordneten Oleh Bondarenko.

Selenska hatte offensichtlich gefürchtet, Wolodymyrs Präsidentschaftskampagne könnte ihren Mann, ihre Beziehung und ihr Leben verändern. Olena kannte ihren Mann, seine Stärken und Schwächen besser als jeder andere. Und doch hoffte sie bis zuletzt, er würde auf die Präsidentschaftskandidatur verzichten. »Hast du den Verstand verloren?«, war das Erste, das sie fragte, als Selenskyj anfing, von Präsidentschaft zu reden.

Olena ahnte auch nicht, dass ihr Mann am 31. Dezember 2018 seine Präsidentschaftskandidatur ankündigen würde. Sie erfuhr davon am folgenden Tag aus den sozialen Medien. »Wir waren gerade in Frankreich beim Skifahren, feierten ruhig Neujahr, tranken Sekt und gingen schlafen. Morgens bemerkte ich in den sozialen Medien diesen Aufruhr, war sehr erstaunt und fragte: ›Hättest du mich nicht vorwarnen können? Ich hätte mich gern moralisch gewappnet.‹ Und er sagte: ›Habe ich denn nichts gesagt? Hab ich vergessen.‹ Sie waren auf Tour gewesen und haben diese Ankündigung nach einer Show in einer anderen Stadt aufgenommen. Wir hatten uns bis Neujahr nicht gesehen, weil er unterwegs war, und so hatte er vergessen, es mir zu sagen. Deshalb wurde ich überrascht«, erzählte Selenska später im Interview mit *BBC Ukraine*.

Wie es sich auch abgespielt hat: In jener Neujahrsnacht änderte sich das Leben Selenskas. Für immer. Sie war gezwungen, aus dem Schatten ihres Mannes an die Öffentlichkeit zu treten. Erstmals erschien sie bei der Nominierung Wolodymyrs zum Präsidentschaftskandidaten durch die Partei »Diener des Volkes«, dann begleitete sie ihn zu einem Treffen mit Macron nach Paris. Schließlich der triumphale Auftritt auf der Bühne des Park-Kongresszentrums am Tag von Wolodymyrs Wahlsieg und die Dankbarkeit ihres Mannes.

Jenseits dieses »Glanzes« jedoch wurde Olena Opfer von Trolling in den sozialen Medien und wurde aufgrund eines Reposts, der einige Jahre vor dem Wahltag entstanden war, auf der Webseite der NGO Myrotworez (Friedenstifter) eingetragen, einer Organisation, die gezielt nach Anzeichen von Verbrechen gegen die nationale Sicherheit der Ukraine oder das Völkerrecht forscht – Versuche der Gegner Selenskyjs, seine Frau zu entmutigen.

Am 20. April 2020 wies Myrotworez darauf hin, dass Selenska eine »Informantin für illegale bewaffnete Kampfformationen« sei, weil sie Inhalte aus russischen Medien auf ihre Seite gestellt habe, die gegen Belohnung dazu aufforderten, ihnen Informationen über die Verlegungen ukrainischer Truppen zukommen zu lassen. Olena versuchte, sich zu rechtfertigen. Sie erklärte, 2014 habe sie die technischen Feinheiten von Facebook nicht gekannt und in Wirklichkeit sei sie empört über das Vorgehen der russischen Propagandisten. Innerhalb eines Tages hatte Myrotworez Selenska von seiner »schwarzen Liste« wieder entfernt.

Nach einem weiteren Monat, am 20. Mai, dem Tag der Amtseinführung von Wolodymyr Selenskyj, trat Olena öffentlich in einem weißen Kleid des Designers Artem Klimtschuk auf. Als First Lady debütierte sie dann auch auf Instagram. Noch bis zum Sieg ihres Mannes hatte sie wiederholt, die Politik mache ihr Angst und sie bleibe lieber weiter Drehbuchautorin bei Studio Kwartal 95. Am Tag der Amtseinführung war ihre Aufregung spürbar. Sie saß mit einem sehr ernsten Gesicht in der Gästeloge der Werchowna Rada neben den vier ukrainischen Ex-Präsidenten Petro Poroschenko, Wiktor Juschtschenko, Leonid Kutschma und Leonid Krawtschuk und verabschiedete sich wahrscheinlich von ihrem ruhigen Leben.

Seither werden jeder öffentliche Auftritt Olenas, ihre Kleidung und Schuhe in den sozialen Medien genauestens beurteilt. Doch egal wie bescheiden sich die First Lady der Ukraine auch verhält, die Einstellung der Ukrainer und Ukrainerinnen zu ihr wird so oder so durch ihren Mann geformt. Durch seine Taten, durch seine Aussagen, durch seine Erfolge oder Misserfolge. In ihrer neuen Position versucht sie, sich sowohl um Kultur als auch um Bildung und die medizinische Versorgung zu kümmern. Sie bemüht sich, offen und aufrichtig zu sein. Wie es ihre aktuelle Rolle verlangt. In einem Interview mit Dmytro Hordon gab Wolodymyr Selenskyj zu, er fühle sich unvollständig, wenn seine Frau nicht bei ihm sei: »Sie glaubt, dass sie mich nicht weiter beeinflusst, doch das tut sie. Ich vertraue ihr zutiefst. Ich liebe sie wie mich selbst. Und wenn deine Frau dir Kinder schenkt, begreifst du, dass du die Kinder sogar noch mehr liebst als dich selbst. Das ist eine Katastrophe, verdammt! Um keinen Preis bin ich bereit, sie zu verlieren«, bekannte Wolodymyr.

Gleichzeitig schätzt Selenska selbst ihre Rolle im Hinblick auf Wolodymyr ziemlich bescheiden ein. Sie könne zwar mit ihm streiten und über politische Themen diskutieren, ihn aber auch unterstützen, so Selenska. »Er ist sehr ehrlich und unermüdlich«, charakterisiert Olena ihren Mann und verrät, dass er nicht entspannen kann. »Es scheint nur so, als sei er ein Spaßvogel und ein Schlitzohr. Aber wenn wir in den Urlaub fahren, kann er erst am dritten Tag loslassen und sich in Ruhe umschauen«, räumt Selenska ein.

Am 12. Juni 2020 verkündete das Büro des Präsidenten, dass die First Lady an Covid-19 erkrankt war. Wie später bekannt wurde, hatte sich auch der siebenjährige Sohn Kyrylo angesteckt.

Vor diesem Hintergrund begannen die Medien Informationen über die angeblich schwangere Pressesprecherin des Präsidenten, Julija Mendel, und ihre mögliche Affäre mit Wolodymyr zu verbreiten. Die Presse berief sich auf die Worte des Parteivorsitzenden von »5.10«, Hennadij Balaschow, der öffentlich darüber gesprochen hatte. Die Sprecherin des Staatsoberhaupts sah sich gezwungen, eine Videoansprache aufzunehmen, in der sie alle Gerüchte über ihren »interessanten« Zustand widerlegte und erklärte, dass ihre Mutter wegen der Gerüchte fast einen Herzinfarkt erlitten hätte. Wie Olena Selenska darauf reagiert hat, ist nicht bekannt. Fast den gesamten Sommer 2020 über erschien sie nicht in der Öffentlichkeit. An der Seite von Wolodymyr trat sie nur am 24. August, dem Unabhängigkeitstag der Ukraine, auf.

Einige Tage später, am 28. August, erinnerte Olena Selenska auf ihrem Instagram-Account an sich. Sie veröffentlichte das Foto einer Katze, die unzufrieden schaute. Damit reagierte sie auf das Erscheinen von Fake-Accounts im Netz. »In letzter Zeit bin ich mehrmals auf angeblich von ›mir‹ stammende Posts oder Kommentare in den sozialen Medien und Telegram-Kanälen gestoßen. Ich weiß, dass ich darauf keinen Einfluss nehmen kann: Sie erscheinen, egal ob ich das will oder einverstanden bin. Was ich aber absolut nicht möchte, ist, dass einer dieser Fakes jemanden verletzt oder in die Irre führt.

Daher – offiziell über mich in den sozialen Medien:

Ich habe eine Seite auf Facebook (der Eintrag, den Sie gerade eben lesen) und auf Instagram: @olenazelenska_official. Alle Informationen ›aus erster Hand‹ finden Sie hier.

Andere offizielle Seiten in jeglichen sozialen Medien oder Telegram-Kanälen sowie auf YouTube gibt es von mir nicht. Wenn sich daran etwas ändert, werde ich das auf jeden Fall mitteilen!

Allen meinen Followern auf Facebook und Instagram danke ich, dass sie hinter mir stehen.«

Ohne Zweifel war und bleibt Olena eine der Architektinnen von Wolodymyrs Karriere.

Episode 31

DIE MAGISCHE ZAHL 95

Wolodymyr Selenskyjs Kindheit begann in der Mongolei. Sein Vater Oleksandr, ein Ingenieur, war zum Bau eines Montankombinats dorthin entsandt worden. In dem Städtchen Erdenet verbrachte der künftige Präsident der Ukraine als kleiner Junge mehrere Jahre. Seine Mutter Rymma, von Beruf ebenfalls Ingenieurin, erinnert sich, wie sehr Wolodymyr die Kinder dort mochte – und diese ihn. »Im Kindergarten war er immer der Mittelpunkt«, erzählt sie.

Die Mongolei galt damals als 16. Sowjetrepublik. Moskau half der Volksrepublik beim Aufbau ihrer sozialistischen Wirtschaft. Die 39. Armee des Trans-Bajkal-Militärdistrikts war dort stationiert, denn die Sowjetunion bereitete sich auf einen möglichen Krieg mit China vor und wollte ihren Streitkräften einen Brückenkopf in Zentralasien sichern. Daneben arbeiteten auch viele zivile Arbeitskräfte aus der UdSSR in der Mongolei.

Nach einigen Jahren in Erdenet verließen Rymma und Wolodymyr das Land wieder und gingen nach Krywyj Rih zurück, während der Vater noch lange ohne seine Familie in der Mongolei blieb. Die erste Klasse hatte der künftige Präsident in Erdenet abgeschlossen, ab der zweiten Klasse besuchte er die Schule Nr. 95 in Krywyj Rih, an der Englisch ein Unterrichtsschwerpunkt war und die später zum Gymnasium wurde. Die Selenskyjs wohnten zudem im Kwartal 95, dem Stadtviertel mit der Kennnummer 95, das man in der Stadt auch »Ameisenhügel« nannte. Wolodymyr schloss die Schule Nr. 95 1995 ab. Kurzum, die Zahl 95 ist für ihn von magischer Bedeutung.

Seine Lehrerinnen und Lehrer erinnern sich an Wolodymyr ausnahmslos als an ein fleißiges und intelligentes Kind, das es vor allem auf die Bühne zog – in den Chor, in die Tanzgruppe oder eben in die Schulmannschaft des »Klubs der Witzigen und Schlagfertigen«. Es wäre allerdings wohl auch irgendwie merkwürdig, schlecht über den sechsten Präsidenten der Ukraine zu reden ... Von Kindesbeinen an hatte Selenskyj eine recht tiefe Stimme (genau, das heute unverkennbare Basstimbre), die es ihm als Sänger nicht leicht machte, ihn aber auch unter den anderen Kindern hervorstechen ließ.

In der Mittelstufe hatte Wolodymyr den Spitznamen »Hammer«, nach einem damals populären Sänger, später nannte man ihn »den Grünling«, abgeleitet wohl von seinem Nachnamen, in dem *selenyj* – das Wort für »grün« – steckt.

Selenskyjs Vater hätte es sich sehr gewünscht, seinen Sohn in den exakten Naturwissenschaften wie Mathematik und Physik glänzen zu sehen. Wolodymyr aber fühlte sich zu den geisteswissenschaftlichen Fächern viel stärker hingezogen, was höchstwahrscheinlich zu anhaltenden häuslichen Konflikten führte. Selenskyj selbst erinnert sich daran, für schlechte Mathematiknoten immer von seinem Vater gerügt worden zu sein: »Ein ›Gut‹ in Mathe, das war bei uns zu Hause ein Trauertag. Noch kein Begräbnis. Begräbnis war bei einem ›Befriedigend‹«, so Selenskyj.

Der künftige Präsident der Ukraine interessierte sich für Gesellschaftstanz, Theater und vor allem für den *Klub der Witzigen und Schlagfertigen*. Mit 16 bekam er ein Stipendium, das ihm eine kostenfreie Ausbildung in Israel ermöglicht hätte, doch sein Vater war dagegen. Nach seinem Schulabschluss ging Wolodymyr dann auch nicht nach Kyjiw ans Institut für Internationale Beziehungen, wie er es gern gewollt hätte. Der Vater wollte einen praktischeren Beruf für seinen Sohn, zum Beispiel Anwalt.

Darum begann Selenskyj junior ein Jurastudium am Ökonomischen Institut Krywyj Rih der Kyjiwer Hochschule für Wirtschaft, an dem auch sein Vater lehrte. Doch entgegen den väterlichen Wünschen arbeitete Selenskyj nach seinem Abschluss im Jahr 2000 keinen einzigen Tag als Jurist.

Krywyj Rih und die Schule Nr. 95 hatten Selenskyj das Geschenk seiner Freundschaft mit Oleksandr Pikalow, Serhij Krawez, Denys Manschosow und vielen anderen gemacht, die später zu den treibenden Kräften bei Studio Kwartal 95 werden sollten. Auch der Produzent Oleh Tschornyj und der Fernsehmoderator Anatolij Jazenko hatten die Schule Nr. 95 besucht. Selenskyj war also in einem kreativen Umfeld groß geworden.

Mit Denys Manschosow hatte Selenskyj die Bank geteilt. In der 11. Klasse waren die beiden gemeinsam in die Studententheatergruppe »Ausreißer« eingetreten, wo unter der künstlerischen Leitung von Oleksandr Pikalow komische Sketche einstudiert wurden.

Selenskyj und Manschosow, befreundet seit Kindertagen, gingen weiterhin gemeinsam durchs Leben, studierten an der gleichen Fakultät, gründeten die KWS-Truppe »Kwartal 95« und später das Unternehmen Studio Kwartal 95. So ging es bis 2013. Dann überwarfen sich die zwei Busenfreunde. Was den Streit verursachte, will keine der beiden Seiten sagen. Nach dem Motto: Das bleibt unter uns. »Ich möchte mich ungern über dieses Thema auslassen, Momente dieser Art sind nicht einfach im Leben, und man kommt innerlich nicht leicht darüber hinweg. Ich habe schon genug Stress und genug im Kopf, es ist mir unangenehm, mir ins Gedächtnis zu rufen, was damals war«, meinte Selenskyj einmal dazu.

Nach seinem Weggang von Studio Kwartal 95 gründete Manschosow mit einer Eventagentur in Krywyj Rih ein eigenes Unternehmen und absolvierte später ein Studium in New York. In

Selenskyjs Leben tauchte er erst am 11. April 2019 wieder auf. Für dieses Datum hatte er eine Pressekonferenz anberaumt, die den Titel trug »Hinter Se's Spiegel: Wie und warum sich die Wege der besten Kindheitsfreunde, KWS-Partner und Kwartal-Kollegen Wolodymyr Selenskyj und Denys Manschosow trennten«. Doch was der Schul- und Jugendfreund über den angehenden Präsidenten zu sagen gehabt hätte, bleibt, wie bereits erwähnt, im Verborgenen – Denys ließ die versammelte Journalistenschaft im Regen stehen. Manschosows ehemalige Freunde Oleksandr Pikalow und Artem Haharin, die auch neugierig auf seine Ausführungen waren, behaupteten, der Ex-Kwartaler habe Geld dafür erhalten. Sie präzisierten jedoch nicht, wofür genau, welches Geheimnis Manschosow also hätte lüften sollen …

Wie es auch immer gewesen sein mag, Krywyj Rih und die Schule Nr. 95 haben Wolodymyr Selenskyj nicht nur viele Freundinnen und Freunde beschert, sondern auch die Weggefährten, mit denen er die Gipfel des Showbusiness und der Politik erklomm. Die Zahl 95 hat sich für den sechsten Präsidenten der Ukraine als magische Zahl erwiesen.

Episode 32

ER HAT SELENSKYJS
PRÄSIDENTSCHAFT VORHERGESEHEN

Am 15. Dezember 2015 veröffentlichte die Online-Ausgabe der *Ukrajinska prawda* einen Artikel mit dem Titel »Warum Selenskyj der nächste Präsident wird«. Verfasst hatte ihn der Leiter der Expertengruppe des Büros für Politikanalyse, Wiktor Bobyrenko aus Sumy, der vier Jahre vor dem politischen Triumph des Kwartalers sowohl die Entstehung der Partei »Diener des Volkes« als auch eine mögliche Präsidentschaft Wolodymyr Selenskyjs vorausgesagt hatte.

Bobyrenko war davon überzeugt, dass es die »Diener des Volkes« wären, die die Paternalismus-Spirale in der Ukraine weiterdrehen würden.

Es ist jedenfalls beeindruckend, wie genau der Autor damals schon die weitere Entwicklung der Ereignisse darstellte: »Wolodymyr Selenskyj spielt in drei Staffeln von *Diener des Volkes* mit. Baut eine Partei auf. Sagt, es werde jetzt wie im Film. Zu Dutzenden zeigen sich neue Gesichter, denn die alten waren [durch ihre vielen Auftritte in den Talkshows, A. d. Ü.] von Sawik Schuster schon abgenutzt. Es gibt einen Tapetenwechsel. Die Texte hat er für die Serie schon auswendig gelernt, er muss sich nichts mehr ausdenken. Die Drehbuchautoren der Serie kommen in der Kreativabteilung des Stabes unter. Das Geld für ›unsere Antwort an Chamberlain‹ hält Kolomojskyj bereit. Auch dabei ist es Ehrensache, quitt zu sein. Und schon haben wir einen neuen Präsidenten.«

Wer weiß, ob Selenskyj vor dem Auftauchen von *Diener des*

Volkes auf dem Bildschirm an eine Präsidentschaft gedacht hat. Es ist aber gut möglich, dass dieser Gedanke ihm nach dem Erscheinen des Artikels von Wiktor Bobyrenko gekommen ist, an den nach den Präsidentschaftswahlen und dem überwältigenden Sieg des Artdirectors von Studio Kwartal 95 alle erinnerten.

Wie mir außerdem Spindoktor Serhij Hajdaj erzählte, kamen angesichts des erstaunlichen Erfolgs der Serie *Diener des Volkes* Juristen zu ihm, die damals mit Wolodymyr Selenskyj zusammengearbeitet haben, und baten ihn um seinen Rat bei der Gründung eines neuen politischen Projekts.

»Ich bin schon einige Zeit mit Mykola Kateryntschuk befreundet. Seine Kanzlei hat lange für Studio Kwartal 95 gearbeitet. Damals freundete sich Mykola mit Selenskyj an und wollte ein Treffen mit mir arrangieren. Es hieß, Kwartal könnte an Wahlkämpfen teilnehmen, denn sie machten Sketche und Parodien auf Politiker. Damals kam ein Treffen nicht zustande. Später verließen mehrere Juristen Kateryntschuk und gründeten ein eigenes Unternehmen, das auch für Kwartal arbeitete. Eines Tages kamen sie zu mir und sagten: ›Wir haben einen Klienten. Er will in die Politik gehen, kommt aber aus einem ganz anderen Bereich. Er will aber nicht, dass alle davon erfahren. Willst du ihn nicht beraten?‹ Ich habe mich bemüht herauszufinden, um wen es sich handelt. Sie haben es nicht verraten. So sind wir auseinandergegangen. Dann habe ich jene Juristen im Umfeld von Selenskyj gesehen: Wadym Halajtschuk, der die Interessen von Wolodymyr bei der Zentralen Wahlkommission der Ukraine vertrat und später Parlamentsabgeordneter wurde, und Serhij Nyschnij, geschäftsführender Gesellschafter von Hillmont Partners«, teilte Hajdaj mit.

Unter den Gründern von GAIDAYCOM, der führenden Polittechnologengruppe in der Ukraine, befand sich ebenfalls ein Jurist: Iwan Bakanow, der seit dem Sieg Selenskyjs bei den Präsidentschaftswahlen dem Inlandsgeheimdienst vorsteht. Iwan selbst jedenfalls erwähnte im Frühjahr 2019 in einem Interview mit *BBC Ukraine,* wie sie sich noch in einer frühen Phase, als *Diener des Volkes* noch niemanden interessierte, an Hajdaj gewandt hätten.

Das Team von Selenskyj hat demnach schon seit 2015 versucht herauszufinden, ob es sich lohnen könnte, in die Politik zu gehen. Auch wenn, wie der gleiche Wiktor Bobyrenko sagt, Kwartal schon vorher dazu gedient habe, Kolomojskyjs Gegner zu vernichten. »Als ich zwei Folgen von *Diener des Volkes* gesehen hatte und von meinem Bekannten gehört habe: ›So einen Präsidenten sollten wir haben!‹, begriff ich, dass dieses Kwartal zu einem Instrument der Machtergreifung wurde. Ich bin Experte für Denkweisen. Ich habe über den ›Dynamischen Zustand von zeitgenössischen Ethnien‹ promoviert. Ich habe eine kühne Prophezeiung gemacht und zu meinem Unglück recht behalten. Jemand sagte mir, ich hätte sie dazu gebracht, diesen Schritt zu tun und in die Politik einzutreten. Das glaube ich aber nicht. Als sie den wahnsinnigen Erfolg der Serie bemerkten, haben sie doch selbst verstanden, dass Wowa nicht nur ›zerstörerisch‹ eingesetzt werden könnte«, erzählt Bobyrenko.

Wiktor war davon überzeugt, dass die Nachfrage nach einem anständigen Politiker in der Ukraine ziemlich hoch war und bleiben würde. Wolodymyr Selenskyj nutzte das, indem er die Rolle des Wasyl Holoborodko spielte.

»Dieser scheinbar einfache Trick hat funktioniert. Und zwar auch, weil niemand, auch nicht Petro Poroschenko, Selenskyj als Konkurrenten betrachtet hat. Denken Sie daran, wie er zu jener Zeit mal Andrij Sadowyj mit dem Lemberger Müllskandal in die Zwickmühle gebracht und mal mit Julija Tymoschenko gekämpft hat. Bis Anfang 2019 war er gerüstet, um gegen die Vorsitzende der Partei »Vaterland« anzutreten. Aber weil Ihor Kolomojskyj auf Dreistigkeit spielte, begann auch Selenskyj im Präsidentschaftswahlkampf provokativer aufzutreten. Zum Beispiel als er während der Debatte im Stadion Poroschenko auf die Schulter klopfte und ihn mit Phrasen wie ›Denken Sie darüber nach!‹ unter Druck setzte. Doch dieser Stil rächte sich bald. Es verging nicht allzu viel Zeit, bis Selenskyj selbst öffentlich ›Bubotschka‹, ›Wowotschka‹ oder ›Seletschka‹ genannt wurde«, teilte Bobyrenko mir mit.

Die Prophezeiung betreffend Selenskyj war nicht die erste und nicht die letzte von Bobyrenko. 2011 prophezeite er den nächsten Majdan. Schon 2008, als der russische Präsident in der Ukraine beliebt war, sagte Wiktor voraus, dass Putin die Ukraine verlieren werde.

Nun, und der nächste Präsident der Ukraine wird nach Wiktors Meinung … Witalij Klytschko. Ja genau, der Boxweltmeister. Er erklärt auch, weshalb: »Damit jemand Präsident werden kann, muss unter den Oligarchen ein Konsens bestehen. Es ist schade für die Ukraine, aber in der Politik ist Witalij Klytschko nicht so aggressiv, wie er es beim Boxen war. Er kann aber gut verhandeln. Wenn Achmetow, Pintschuk, Firtasch aus Wien und Awakow sich einig werden, werden sie auf ihn setzen. Der Bürgermeister von Dnipro, Borys Filatow, sollte aber mit einbezogen werden. Denn Voraussetzung ist nicht nur ein Konsens der Oligarchen. Voraussetzung ist auch, dass Selenskyj geschlagen wird. Das macht am besten und harmonischsten Filatow. Ich habe mir Poroschenkos politische Wiedergeburt gewünscht. Doch die wird es wohl kaum geben.«

Ob sich die Vorhersage von Wiktor Bobyrenko über Klytschko bewahrheitet, werden wir in einigen Jahren sehen. Trotz der großen Unterstützung des Volkes für Selenskyj während des russisch-ukrainischen Krieges kann in den nächsten zwei Jahren in der Ukraine alles Mögliche passieren. Der Bürgermeister der Hauptstadt empfahl sich übrigens zusammen mit seinem Bruder Wladimir während der russischen Aggression auch als Kämpfer, denn er verteidigte Kyjiw gegen die Angreifer. Was auch immer bei den Wahlen 2024 herauskommen mag, der Politologe Wiktor Bobyrenko wird uns für immer als der Mann im Gedächtnis bleiben, der schon 2015 Selenskyjs Präsidentschaft und den Triumph des »Dieners des Volkes« voraussah. Er ist also einer der wenigen, der uns allen sagen kann: »Ich habe euch gewarnt!«

Episode 33

HAHARIN FÜR SELENSKYJ

Am 25. Oktober 2020 fanden in der Ukraine, landesweit gleichzeitig, die ersten Lokalwahlen statt, bei denen auch die Partei »Diener des Volkes« auf dem Wahlzettel stand. Der Dezentralisierungsprozess war faktisch abgeschlossen. Nach der Verwaltungsreform und der Konsolidierung der neuen Bezirke hatte sich die Anzahl der Repräsentanten auf lokaler Ebene um ein Drittel verringert, und die Institutionen der lokalen Selbstverwaltung hatten umfangreichere Kompetenzen sowie die Hoheit über ihre Budgets und deren Verwendung erhalten.

Nach zwei berauschenden Wahlkämpfen im Jahr 2019 erhofften sich die »Diener des Volkes« auch bei den Kommunalwahlen einen Sieg. Doch entgegen sämtlichen Erwartungen verlor die Präsidentenpartei die Bürgermeisterwahlen in Kyjiw, Charkiw, Dnipro, Odessa und Lwiw, den größten Städten der Ukraine. Zwar sicherten sich die »Diener« auch auf lokaler Ebene ihre Repräsentanz, aber von den 73 % der Präsidentschaftswahl und den 43 % bei den Wahlen zur Werchowna Rada blieb man weit entfernt.

Selenskyjs Unterstützern wurde klar, dass man die Macht im Land mit anderen politischen Kräften und regional starken Führungspersönlichkeiten würde teilen müssen. Die Zeit des Machtmonopols war passé.

Zwei Wochen vor dem Termin der Lokalwahlen setzte Wolodymyr Selenskyj für alle Beobachter völlig unerwartet für den 25. Oktober auch eine sogenannte »Volksbefragung« an. Indem er Ukrainerinnen und Ukrainern fünf Fragen vorlegte, versuchte der Präsident den Eindruck zu vermitteln, die Meinung der Wähler und Wählerinnen gehe ihm über alles. Er ging dabei allerdings auf eine wenig glaubwürdige Art zu Werke. Die Fragen betrafen die Einführung einer lebenslangen Freiheitsstrafe in schwerwiegenden Korruptionsfällen, die Schaffung einer Freien Wirtschaftszone im Donbas, die Schrumpfung der Werchowna Rada auf 300 Abgeordnete, die Legalisierung von Cannabis für medizinische Zwecke und den Umgang mit Verletzungen der im Budapester Memorandum festgeschriebenen Sicherheitsgarantien auf internationaler Ebene. Selenskyjs Gegner witterten den Versuch, noch am Wahltag illegal Wahlkampf für die Präsidentenpartei zu machen, denn »Diener des Volkes« übernahmen auch die Kosten dieser durchaus befremdlichen Befragung. Mit deren Durchführung wurde dann auch noch Showmaster und Studio-Kwartal-95-Produzent Artem Haharin beauftragt. Genau, Haharin. Putin hatte seine Tereschkowa, Selenskyj seinen Haharin.

Es ist schwer zu sagen, was Selenskyj wirklich bezweckte – ob es ihm nur um das Abschneiden seiner Partei ging oder ob er ernsthaft versuchte, sich der Unterstützung der Wählerschaft für eine Freihandelszone im Donbas zu versichern. Was man mit Sicherheit sagen kann, ist jedoch, dass die Befragung krachend scheiterte – angefangen mit der schlecht organisierten Durchführung über die scharfe Kritik der politischen Gegner bis hin zur höchst zweifelhaften Repräsentativität dieser Umfrage und folglich ihrer Aussagekraft für den Präsidenten. Bei Nachwahlbefragungen zeichnete sich bereits ein äußerst geringes Interesse der Wählerschaft an der Umfrage ab – ein Drittel der Befragten gab an, sie links liegen gelassen zu haben. Vor dem Hintergrund einer sehr niedrigen allgemeinen Wahlbeteiligung (durchschnittlich um die 37 %) waren die erzielten Ergebnisse völlig lachhaft.

Wolodymyr Selenskyj hatte den Ukrainerinnen und Ukrainern versprochen, die Ergebnisse des Referendums würden es dem Staat erlauben, notwendige Gesetzesvorhaben dem Votum entsprechend vorzubereiten und in die Rada zu bringen. Doch Artem Haharin und seine zweifelhaften Aktionen am Tag der Lokalwahlen diskreditierten die Idee der direkten Demokratie in diesem Format vollends und warfen zudem unausweichlich Fragen auf: Wer übernimmt eigentlich die Verantwortung für die Durchführung einer Befragung, die das geltende ukrainische Recht so nicht vorsieht? Wie und von wem werden die Ergebnisse des abgehaltenen Pseudo-Referendums genutzt? Was würde Selenskyj für den Fall unternehmen, dass auch andere politische Kräfte ähnliche Scheinreferenden abhalten? Auf keine dieser Fragen gibt es bislang eine Antwort. Vielleicht wird sich nach dem Krieg auch niemand mehr daran erinnern, dass sie je gestellt wurden.

Eines ist indes absolut sicher – nach dem Sieg der Ukraine über Russland werden wir einen ganz anderen Selenskyj, andere »Diener des Volkes« und andere Mittel und Wege ihrer Zusammenarbeit mit den Ukrainerinnen und Ukrainern erleben.

Selenskyj wird dann einen neuen Haharin brauchen. Oder vielleicht selbst dieser Haharin sein.

Episode 34

BLACK MIRROR FÜR DEN HELDEN

Der Morgen des 21. Juli 2020 in Kyjiw war sonnig und warm. Nichts deutete auf Ärger hin.

Die Hauptstadt erlebte einen weiteren Sommertag in Quarantäne. Im Stadtzentrum staute sich der Verkehr. Kinder und ihre Mütter vergnügten sich in den Kyjiwer Parks. Und Selenskyj bereitete sich auf ein Treffen mit der Bundespräsidentin der Schweizerischen Eidgenossenschaft, Simonetta Sommaruga, vor. Im Hof des Marienpalasts waren die Nationalflaggen beider Länder gehisst. Eine Ehrengarde hatte sich in Reih und Glied aufgestellt. Und die Artilleristen bereiteten sich darauf vor, zu Ehren des Gastes einen Salut von 21 Artilleriesalven abzugeben.

Zur gleichen Zeit entwickelte sich 400 Kilometer von der Hauptstadt entfernt in Luzk ein Drama.

Ein Mann mit einer Waffe in der Hand bemächtigte sich eines Busses und verkündete den Tag des Antisystems. Seine Geiseln waren mit den Händen an die Sitze gefesselt. Er drohte, den Bus mit 13 Passagieren in die Luft zu sprengen. Der zweimal verurteilte Maksym Krywosch (in den Medien »Maksym, der Böse«) stellte dem Präsidenten und ukrainischen Top-Politikern ein Ultimatum. Die erste Bedingung lautete, ein Video aufzunehmen und darin den Ukrainern und Ukrainerinnen zu empfehlen, den 2005 entstandenen Film *Earthlings* von Shaun Monson über Tierleid anzusehen. Die zweite Bedingung war, dass sie auf ihren Social-Media-Seiten öffentlich bekennen sollten, »vor dem Gesetz Terroristen« zu sein. Nun, erinnert das nicht an die Folge der Serie *Black Mirror*, in der ein Unbekannter die britische Prinzessin Susannah entführte und der Premierminister zu ihrer Rettung live im Fernsehen mit einem Schwein schlafen muss?

Selenskyj schien die ganze Absurdität der Forderungen Krywoschs bewusst zu sein. Als er während seines Treffens mit der Schweizer Bundespräsidentin die Ereignisse in Luzk kommentierte, war er merklich nervös. Die Gespräche wurden mehrmals unterbrochen.

Zu Verhandlungen mit dem Terroristen waren bereits Innenminister Arsen Awakow, der Stellvertretende Leiter des Präsidentenbüros Kyrylo Tymoschenko und die Spitzen der Vollzugsbehörden eingeflogen. Die Forderungen des Geiselnehmers klangen wirklich verrückt. Wohl deshalb kamen Gerüchte auf, er werde in einer psychiatrischen Klinik behandelt. Diese haben sich aber nicht bestätigt. Doch wurde bekannt, dass es sich um den Autor des Buches *Die Philosophie eines Kriminellen* handelte, in dem sich folgende Sätze finden: »Seit 15 Jahren soll ich auf den Weg des Gesetzes gebracht werden und bin doch noch immer nicht auf dem Weg des Gesetzes, sondern ich bin vielmehr im Gegenteil noch mehr zu dem geworden, der ich bin. Warum? Weil ich allein damit klarkomme, und deshalb bringe ich auch andere nicht auf den Weg des Gesetzes … Es gibt nur eines, das ich nicht kann: kein Krimineller zu sein. Das liegt daran, dass ich alles selbst entscheide und auf meine eigene Art lebe.«

Beinahe den ganzen Tag bemühte sich die Polizei, Krywosch davon zu überzeugen, die Geiseln freizulassen. Doch er zeigte sich unerbittlich und bestand auf der Erfüllung seiner Forderungen.

Um 21 Uhr postete Selenskyj auf seiner Facebook-Seite ein Video mit sehr knapper Botschaft: »Schauen Sie alle den Film

Earthlings von 2005 an!« Zuvor hatte der Präsident sieben Minuten lang mit Krywosch gesprochen und ihn dazu überredet, wenigstens drei der Geiseln freizulassen: eine schwangere Frau, ein Kind und einen Verletzten (der, wie sich dann herausstellte, gar nicht im Bus war).

Eine halbe Stunde später ergab sich Krywosch der Polizei. Ruhig, friedlich und ohne Widerstand. Der Präsident löschte das Video von Facebook. Nach zwölf Stunden konnte das Geiseldrama mit positivem Ergebnis beendet werden: Die Gefangenen waren frei, Krywosch in Untersuchungshaft – und die Führung des Landes mit Wolodymyr Selenskyj an der Spitze hatte die Forderungen des Geiselnehmers erfüllt.

Der Verlauf der Ereignisse und vor allem ihr Ergebnis ließen viele Fragen offen, Fragen zum Nachrichtendienst und zum Präsidenten, der diesen kontrolliert. Denn unter den Opfern befanden sich ukrainische Geheimdienstmitarbeiter, die weder die Geiselnahme verhindert noch eine Operation zur Befreiung der Geiseln durchgeführt hatten.

Der versuchte Terroranschlag von Luzk war der dritte in Selenskyjs Amtszeit als Präsident. Zuvor hatten zweimal, am 18. September 2019 und am 1. Juni 2020, Drohungen, die Metro-Brücke in Kyjiw in die Luft zu jagen, die Hauptstadt lahmgelegt.

Jeder der »Mineure« hatte sein eigenes Motiv. Eines hatten sie jedoch gemeinsam: Die Situation wurde jeweils von Innenminister Arsen Awakow und seinen Mitarbeitern abgewickelt. So war es in Kyjiw, und so war es in Luzk. Weshalb dann allerdings ein Teil der Bevölkerung die Terroranschläge für reines Spektakel hielt. Es hieß, Awakow wolle auf diese Weise »Muskeln« zeigen und fühle sich wenn nicht als bedeutendste, so doch mindestens als zweitwichtigste Person in der Ukraine.

Selenskyj selbst erklärte nach dem Zwischenfall in Luzk, er sei und bleibe trotz seiner hohen Position immer noch ein

Mensch. »Auch als Präsident lebte, lebe und werde ich nach dem Prinzip leben, menschlich zu bleiben. Deshalb sind alle noch am Leben. Wir kämpfen nicht um Ratings, sondern um Leben. Für mich ist das der höchste Wert«, sagte er.

Selenskyj hat trotz des Spotts seiner Gegner alles in seiner Macht Stehende dafür getan, um die Menschen zu retten. Mit Sicherheit ist es das, was von der Geschichte mit dem Geiselnehmer von Luzk im Gedächtnis bleiben wird.

Episode 35

SWIROBIJ, FEDYNA UND DAS OPFER

Ende Oktober 2019 bereitete Präsident Selenskyj die ukrainische Armee auf den Rückzug aus Solote und Petriwske im Donbas vor. Dies war eine der Bedingungen, die Wladimir Putin vor dem Treffen im Normandie-Format in Paris erfüllt sehen wollte, dem Treffen, das sich das ukrainische Staatsoberhaupt so sehr wünschte.

Am 26. Oktober traf Selenskyj in Solote ein. Dort kam er im Stile seines Fernseh-Alter-Egos Wasyl Holoborodko mit Anwohnerinnen und Anwohnern ins Gespräch und bemühte sich sehr, ihre aktive Zustimmung einzuholen. Die Begegnung verlief dabei ähnlich wie oft beim frühen Michail Gorbatschow, wenn er am Vorabend von Plenarsitzungen oder Sitzungen des Zentralkomitees der KPdSU das Volk anzuhören pflegte. »Wir werden oben vorangehen, und ihr müsst von unten Druck machen«, wiederholte der erste und zugleich letzte Präsident der Sowjetunion gerne. Was aber wollte Selenskyj hören von der Bevölkerung in Solote, die in Teilen dem sogenannten »Neurussland« gar nicht so abgeneigt gewesen war – außer, dass der Donbas Frieden brauchte?

Anders als im Falle Gorbatschows wartete auf Selenskyj eine heikle Begegnung: Er traf auf ehemalige Freiwillige des Donbas-Einsatzes, die – in Tarnkleidung und bewaffnet – eine Protestaktion unter dem Motto »Nein zur Kapitulation« gestartet hatten. Sie waren überzeugt, weitere Kräfte von der Kontaktlinie abzuziehen würde die Lage an der Front nur weiter verschärfen.

Selenskyjs Austausch mit ihnen war ruppig. Einer aus der

Gruppe, Denys, fragte den Präsidenten, ob er mit den Veteranen sprechen und ihnen seine Position zu Solote und Petriwske erklären wolle. Wolodymyr erwiderte ärgerlich: »Hör mal gut zu, ich bin der Präsident dieses Landes. Ich bin 42 Jahre alt. Ich bin nicht irgendeine Lusche. Ich komme zu dir, und ich sage, die Waffen werden abgegeben. Da hast du mich nicht herumzukommandieren. Ich wollte in deinen Augen Verständnis sehen. Ich sehe aber nur einen Kerl, der beschlossen hat, dass er es mit einer Lusche zu tun hat, und der mich vom Kurs abbringen will.«

Selenskyj wollte unmissverständlich klarmachen, dass er auch im Donbas derjenige war, der das Sagen hatte. Aber Auftreten, Stil und Kommunikationsweise des Oberkommandierenden befremdeten. Und ließen sich nur damit erklären, dass der Präsident der Ukraine bezüglich seines eigenen Vorgehens nicht so sicher war, wie er sein Gegenüber glauben lassen wollte.

Vermutlich wäre dieses Aufeinandertreffen längst vergessen, hätte die Geschichte nicht noch ein Nachspiel gehabt.

Zwei Frauen gingen im Anschluss an das Treffen auf Facebook live und kommentierten Selenskyjs Verhalten in ziemlich rüder Manier: die ukrainische Freiwillige und Kämpferin Marusja Swirobij (das war ihr Kämpferinnenname – mit bürgerlichem Namen heißt sie Olena Bilenka) und die Parlamentsabgeordnete Sofija Fedyna von der Partei »Europäische Solidarität«. In ihrem Video fielen etliche vulgäre Flüche. Sie warnten, dies sei nicht die Art, mit Veteranen zu reden, immerhin könne dem Präsidenten im Donbas alles Mögliche zustoßen, eine Granate könnte in der Nähe explodieren, er könnte rein zufällig unter Beschuss geraten und vieles andere mehr. Nach dem Motto: Der Präsident soll sich bloß nicht einbilden, er sei unsterblich.

»Die verhackstücken dich. Das schwöre ich dir. Komm ruhig öfter. Heute waren die Jungs moralisch nicht auf dich vorbereitet. Haben dich ja sogar gesiezt. Dich muss man die Latrinen putzen lassen, du Schw*nzl*tscher. Das hält Putin von solchen wie dir«, sagte Swirobij.

Die Generalstaatsanwaltschaft und das Staatliche Ermittlungsbüro verlangten daraufhin, Fedynas Immunität aufzuheben, da sie dem Präsidenten gedroht habe, und leiteten strafrechtliche Ermittlungen ein wegen folgender tatbestandsmäßiger Handlungen: versuchter gewalttätiger Umsturz der verfassungsmäßigen Ordnung oder Machtergreifung, Angriff auf das Leben einer staatlichen oder öffentlichen Person und Androhung von Gewalt gegenüber einer staatlichen oder öffentlichen Person.

Dem folgte eine Hausdurchsuchung bei Marusja Swirobij, die drei Mobiltelefone und zwei Jagdgewehre zutage förderte. Beide Frauen wurden zum Verhör ins Ermittlungsbüro einbestellt. Wolodymyr gab dort ein schriftliches Statement ab, in dem er sich angesichts der Drohungen von Fedyna und Swirobij als »Opfer« beschrieb.

Die Angelegenheit Fedyna und Swirobij wäre in der ukrainischen Politik an und für sich nichts Aufsehenerregendes. Bei dreien von Selenskyjs Vorgängern waren die Strafverfolgungsbehörden auch Personen auf den Fersen gewesen, die den Präsidenten angeblich nach dem Leben trachteten. 2004 fahndete man nach der Person, die Wiktor Juschtschenko vergiftet hatte, aber er oder sie wurde nie gefunden. 2013 wurden Aktivisten aus Sumy verurteilt, weil sie nach einer Schablone Bilder mit dem Konterfei Wiktor Janukowytschs mit einem Loch im Kopf gemalt hatten. 2016 wurde der Aktivist Jurij Pawlenko, Spitzname »Hort«, dafür zu viereinhalb Jahren Gefängnis verurteilt (allerdings vorzeitig entlassen), dass er auf einer Demonstration ein Plakat von Präsident Poroschenko zerrissen hatte.

Unter Poroschenko gab die tüchtige Generalstaatsanwaltschaft zudem bekannt, die Aktivitäten zweier Gruppen aufgedeckt zu haben, die mutmaßlich einen Staatsstreich in der Ukraine planten. Eine wurde angeblich vom früheren georgischen Präsidenten Micheil Saakaschwili angeführt, die zweite von der Heldin der Ukraine Nadija Sawtschenko. Beide sind auf freiem Fuß. Ihre Schuld konnte vor einem ukrainischen Gericht nicht bewiesen werden.

Zur Abschreckung erteilte das Distriktgericht von Kyjiw-Petschersk am 10. Februar 2020 Marusja Swirobij die Auflage, dass sie für einen Zeitraum von zwei Monaten die Stadt und die Oblast Kyjiw nicht verlassen durfte und eine elektronische Fußfessel zu tragen hatte. Nach zwei Monaten wurde diese Maßnahme nicht weiter verlängert, obwohl die Ermittlungen gegen Fedyna und Swirobij noch zwei weitere Monate andauerten.

Und so endete diese Geschichte, auf die Selenskyjs Gegner sich als gefundenes Fressen stürzten.

Episode 36

WAGNERGATE – EINE GESCHICHTE MIT VIELEN UNBEKANNTEN

Im Jahr 2020 war »Wagnergate« die Achillesferse des Selenskyj-Teams. Über Monate hatte die ukrainische Staatsführung den Bürgern und Bürgerinnen verschiedene Storys über die Spezialoperation und Verhaftung von Mitgliedern der russischen Gruppe Wagner aufgetischt. Zunächst tat man alles, um diesbezügliche Gerüchte als pure Hirngespinste darzustellen. Dann sollten solche Gerüchte von Moskau gestreut worden sein. Dann hieß es, der Plan, diese Schlächter dingfest zu machen, die im Donbas gekämpft hatten, habe die Sicherheit anderer gefährdet. Mit einem Wort, die Bandbreite erstreckte sich von der kompletten Leugnung über die Empörung bis zum Eingeständnis, dass es eine solche Spezialoperation tatsächlich gegeben hatte.

Angefangen hatte alles am 29. Juli 2020. Belarusische Spezialeinheiten, die im Vorfeld der Präsidentschaftswahl Provokationen durch russische Kräfte befürchteten, hatten in einem Hotel bei Minsk 33 Mitglieder der Gruppe Wagner verhaftet. Die Kämpfer, die bereits an verschiedenen Orten in der Welt in Erscheinung getreten waren, darunter auch im Donbas, waren kurz davor, nach Istanbul zu fliegen, von wo aus sie nach Venezuela weiterreisen wollten. In der offiziellen Version sollten sie dort als Sicherheitskräfte für Ölfirmen arbeiten. Später stellte sich aber heraus, dass die ganze Sache, sowohl die Rekrutierung als auch das Herauslocken der Wagner-Söldner aus Russland, unter falschem Vorwand geschehen und Teil eines abgekarteten

Spiels der ukrainischen Spezialkräfte war. Ein mehrtägiger Aufschub der Spezialoperation (als mögliche Erklärung wird angeführt, die ukrainische Staatsführung habe sich am Vorabend eines Waffenstillstands im Donbas keinen Ärger mit der russischen Seite einhandeln wollen) brachte sie jedoch an ihr trauriges Ende.

Viele Jahre schon sammeln Offiziere des Inlands- und des Militärgeheimdienstes der Ukraine Beweise für die Beteiligung der Wagner-Gruppe am Krieg im Donbas. Von den 33 in Belarus verhafteten Wagner-Söldnern waren 13 in russische Verbrechen in der Ostukraine in den Jahren 2014 und 2015 involviert, darunter auch im Bataillon des russischen Schriftstellers Sachar Prylepin, der diesen Sachverhalt öffentlich bestätigte.

Der ukrainische Geheimdienst behauptete, die bei Minsk Verhafteten seien am Absturz der IL-76 beteiligt gewesen, einer 2014 am Flughafen von Luhansk abgeschossenen Maschine, sowie weiterhin am Sturm auf den Flughafen und an den Kämpfen um Debalzewe. Ihre Festnahme auf ukrainischem Territorium (das Flugzeug hätte auf dem Weg von Minsk nach Istanbul in der Ukraine notlanden sollen) sollte den Schlussakkord zu dieser Geschichte setzen. Doch die Spezialoperation mit dem Codenamen »Avenue« zur Verhaftung wichtiger Kräfte des blutigen russischen Krieges wurde vereitelt.

Unmittelbar nach der Festnahme der Männer rief Präsident Selenskyj den belarusischen Diktator Aleksandr Lukaschenko öffentlich dazu auf, die Verhafteten an die Ukraine auszuliefern. In einem Interview mit dem Journalisten Dmytro Hordon versprach Lukaschenko, dieser Aufforderung Folge leisten zu wollen. Aber er hielt nicht Wort. Die Wagner-Söldner reisten zurück nach Russland, und in der Ukraine brach »Wagnergate« aus. Nach dem Scheitern der Spezialoperation wurde Militärgeheimdienstchef Wasyl Burba entlassen, der seine Empörung darüber nicht verbarg. Weitere Offiziere wurden vom Dienst suspendiert.

Als Details zu »Avenue« durch die Presse zu geistern begannen, bestritt das Büro des Präsidenten für geraume Zeit, dass es eine derartige Operation überhaupt gegeben habe. Das brachte die Opposition dazu, Selenskyj und sein Team zu beschuldigen, die Spezialoperation den Belarusen und Russen »gesteckt« zu haben: Wolodymyr und Kollegen haben das bewusst verbockt, die stecken doch mit dem Kreml unter einer Decke …

Gegen Ende 2020 nahm das internationale Recherchenetzwerk *Bellingcat* sich der Sache an. Christo Grozev und sein Team sammelten im Verlauf des Jahres 2021 alle zu dieser sehr besonderen Spezialoperation verfügbaren Informationen. Im Sommer 2021 ließ sich Selenskyj persönlich in einem seiner Interviews zu »Avenue« aus. Ein Ausschuss des Parlaments unter dem Vorsitz der Abgeordneten Marjana Besugla von der Partei »Diener des Volkes« kam zu dem Schluss, weder Wolodymyr Selenskyj noch Andrij Jermak seien in das Scheitern der Spezialoperation verwickelt gewesen.

Am 17. November 2021 machten die Leute von *Bellingcat* dann die Ergebnisse ihrer Nachforschungen publik: Für Hochverrat, das heißt eine Weitergabe von Daten zur Spezialoperation »Avenue« an die russische Seite durch staatliche ukrainische Stellen, gab es keine direkten Belege. Die Autoren beschrieben detailliert und chronologisch, wie die Spezialoperation vorbereitet und dann abgeblasen worden war. Gleichzeitig erhoben der ehemalige Militärgeheimdienstchef Wasyl Burba und die an der Planung beteiligten und inzwischen suspendierten Offiziere öffentlich den Vorwurf, im Büro des Präsidenten gäbe es einen russischen Maulwurf. Der von mir bereits erwähnte Journalist Jurij Butusow beschuldigte den Vorsitzenden des Geheimdienstausschusses Ruslan Demtschenko, für Russland tätig zu sein. Verantwortlich dafür seien Wolodymyr Selenskyj und Andrij Jermak, der Leiter des Büros des Präsidenten.

Der Präsident der Ukraine sagt immer wieder dasselbe: Die Spezialoperation und alles, was damit zu tun hat, waren ein persönliches Abenteuer von Wasyl Burba, Burba ist der Protegé Petro Poroschenkos, der ganze Plan war der Versuch des ehemaligen Militärgeheimdienstchefs, die Weltgemeinschaft mit Selenskyj zu entzweien, insbesondere die Türkei, wohin die Wagner-Söldner unterwegs waren.

Es lässt tief blicken, wie »Wagnergate« mit dem Ausbruch des flächendeckenden Angriffskriegs Russlands gegen die Ukraine verpuffte. Diejenigen, die man im Verdacht hatte, Agenten des Kreml zu sein, haben sich Putin in den Weg gestellt und den Staat verteidigt. Und mehr noch, sie führen den Widerstand des ukrainischen Volkes an. Das ist ein für »Wagnergate« unerwartetes Finale. Ein Finale, das man ihnen nach dem Sieg der Ukraine über Russland wird zugutehalten müssen.

Episode 37

WIE DER OLIGARCH ACHMETOW EINEN »STAATSSTREICH« FÜR SELENSKYJ VORBEREITETE

Am 23. September 2021 verabschiedete die Werchowna Rada ein Gesetz zum Status der Oligarchen. Damit würden, vermeinte Selenskyj, endgültig die Weichen für ein wichtiges Projekt gestellt werden: die alles andere als einfachen Beziehungen des Staates zu denen, die in der Ukraine Oligarchen genannt werden, sollten ein für alle Mal geklärt werden. Und das betraf auch ihn selbst. Ab Mai 2022 sollte ein staatliches Register entstehen. Darin sollten diejenigen Schwergewichte erfasst werden, deren Unternehmen eine Monopolstellung auf den Märkten innehaben und deren Einfluss sich auf die ukrainischen Medien und die Politik erstreckt.

Selenskyjs Initiative rief den vorhergesagten Widerstand unter den Oligarchen hervor. Als er die Anti-Oligarchen-Kampagne lancierte, hatte Selenskyj eines nicht eingepreist: Ihor Kolomojskyj, Rinat Achmetow, Wiktor Pintschuk und die anderen hatten die »Wilden 90er« und fünf Präsidenten der Ukraine überstanden. Sie hatten nicht vor, sich zu ergeben. Sie würden ihre Besitztümer inklusive der Medien mehrmals verkaufen und wieder zurückkaufen, über Strohmänner und Offshore-Firmen, und im Mai 2022 bedauernd verkünden, sie seien leider pleite. Es war nicht zu erwarten, dass Leute, die Hunderte Millionen Dollar in die Medienwelt investiert hatten, sich Selenskyj so einfach fügen würden.

Es ist bezeichnend, dass Präsident Selenskyj einige Monate nach Verabschiedung des Gesetzes bekannt gab, in der Ukraine sei unter Beteiligung von Rinat Achmetow und Russland ein Staatsstreich für den 1. oder 2. Dezember geplant worden. Ihm zufolge lagen Geheimdiensterkenntnisse und »Audio-Informationen« über Versuche vor, den Oligarchen in einen Sturz der ukrainischen Regierung hineinzuziehen. Nach diesen Worten Selenskyjs brachen die Eurobonds der Achmetow-Firma DTEK Energy um 11,6 % ein.

Am Vortag hatten Vertreter und Vertreterinnen der Präsidentenpartei »Diener des Volkes« Auftritte in Programmen der Sender *Ukraine* und *Ukraine 24*, beide im Besitz von Achmetow, abgelehnt – doch hätte wohl kaum jemand damit gerechnet, dass Selenskyj den Oligarchen öffentlich beschuldigen würde, einen Staatsstreich geplant zu haben. Ich bin mir sicher, dass auch der Oligarch selbst, der als Geschäftsmann in den turbulenten 1990er-Jahren im Donbas begonnen hatte, nichts dergleichen kommen sah. 30 Jahre lang hatte er sich mit den jeweiligen ukrainischen Präsidenten immer einigen können. Selenskyj war die Ausnahme.

Was genau zwischen Achmetow und Selenskyj vorging, weiß außer den beiden selbst niemand. Inwiefern sich Rinat, dessen Firmen bis zuletzt zu den größten Steuerzahlern des Landes gehört hatten, als Feind des ukrainischen Volkes erwiesen hat, hat Selenskyj leider nicht präzisiert. Und er hat auch keine handfesten Beweise für eine Verwicklung des Oligarchen in den angeblichen Umsturzversuch geliefert.

Buchstäblich einen Tag vor dem flächendeckenden Überfall Russlands auf die Ukraine rief Wolodymyr die 50 einflussreichsten Unternehmer zusammen, insbesondere die Oligarchen. Der Präsident bat sie für die Gegenwehr gegen Russland um ihre finanzielle Unterstützung. Achmetows Firmenholding gab daraufhin bekannt, dem Staat einen Vorschuss in Höhe von einer Milliarde Hrywnja zu zahlen.

Der Krieg mit Russland hat sowohl den Prozess der Ent-Oligarchisierung als auch die Unstimmigkeiten zwischen Selenskyj und Achmetow in den Hintergrund gedrängt. Im Moment gibt es für alle in der Ukraine ausnahmslos nur den einen gemeinsamen Feind. Die Existenz des ukrainischen Staates hängt ab von der Bezwingung Russlands.

Episode 38

DAS MASSAKER VON BUTSCHA

Am 20. Mai 2019, dem Tag seiner Amtseinführung, versprach Selenskyj den Ukrainerinnen und Ukrainern, der allerbeste Präsident zu werden. »Mein Leben lang habe ich alles dafür getan«, sagte er, »um die Ukrainer zum Lachen zu bringen. Das war meine Mission. Jetzt werde ich alles dafür tun, dass sie zumindest nicht weinen.« Natürlich konnte sich Selenskyj zu diesem Zeitpunkt in keiner Weise vorstellen, wie viele Tränen nur drei Jahre nach seinem Amtsantritt in der Ukraine vergossen werden würden.

Ab dem 24. Februar 2022 kamen mit den russischen Soldatenstiefeln Tod, Folter, Gewalt, Plünderungen und Zerstörung in die Dörfer und Städte der Ukraine. Dieser Tag veränderte das Leben aller, auch das von Wolodymyr Selenskyj. Unwiderruflich.

Den plötzlichen Tod brachten vom Schwarzen Meer aus abgefeuerte Marschflugkörper. Kyjiw, Odessa, Lwiw, Luzk, Poltawa und Sumy wurden getroffen. Russische Kampfflugzeuge bombardierten Wohngebiete in Tschernihiw, Charkiw, Ochtyrka, Butscha, Irpin und ungezählten weiteren Ortschaften und legten sie in Schutt und Asche. Seit dem Zweiten Weltkrieg hatte die Ukraine nicht solche verheerenden Zerstörungen erlitten.

Die extremen Grausamkeiten und Verbrechen des russischen Militärs in den beiden nahe Kyjiw gelegenen Städten Butscha und Irpin wurden am 31. März bekannt. An diesem Tag wurde Putins Armee aus dem 20 Kilometer vor Kyjiw gelegenen Gebiet Pryirpinnja vertrieben. Es wurde offenbar, dass russische

Panzer zivile Fahrzeuge beschossen hatten und dass Erwachsene und Kinder mit gefesselten Händen zu Dutzenden durch Kopfschuss ermordet worden waren. Allein in der Kleinstadt Butscha wurden 300 Personen in Massengräbern verscharrt. Zuvor vergewaltigte Frauen überrollten die Besatzer mit Panzern, an Kleinkindern vergingen sie sich vor den Augen ihrer Eltern.

Die Tragödie von Butscha, die sich den Augen der Welt Schritt für Schritt als solche offenbarte, erschütterte durch eine Grausamkeit, die sich mit nichts auf der Welt erklären oder rechtfertigen lässt. Es sei denn durch ein Motiv: Moskau vernichtet willentlich und wissentlich die ukrainische Bevölkerung. Das wäre kein Einzelfall in der Geschichte, hat doch Russland die Ukraine schon dem Hungertod preisgegeben, ihre Eliten exekutiert und diejenigen, die von einem unabhängigen Staat träumten, unter dem Vorwurf des »bürgerlichen Nationalismus« eingesperrt.

Wolodymyr Selenskyj hat Russland offiziell des Genozids am ukrainischen Volk beschuldigt. Moskau hingegen nennt den sechsten Präsidenten der Ukraine, der aus einer jüdischen Familie stammt, weiterhin einen »Nazi«. Was ernsthaft am Geisteszustand des Kremlherrn und seiner Entourage zweifeln lässt – spätestens seit dem russischen Raketenangriff auf Babyn Jar in Kyjiw, den Ort, an dem die deutsche Wehrmacht 1941 in weniger als zwei Tagen Zehntausende Jüdinnen und Juden ermordete. Durch den russischen Angriff wurden auch Teile der dort gelegenen Holocaust-Gedenkstätte getroffen.

Am 5. April – die Informationen über das von Leitmedien weltweit nun so genannte »Massaker von Butscha« lagen bereits zutage – wandte Selenskyj sich per Videoschalte an den UN-Sicherheitsrat und hielt eine seiner stärksten Reden.

Sehr emotional sprach er über die Verbrechen der russischen

Besatzer: »Sie haben Frauen an der Haustür niedergeschossen, sie sind herumgefahren und haben alle nach draußen gerufen, die noch lebten. Sie haben ganze Familien getötet, Eltern wie Kinder. Und dann versucht, ihre Körper zu verbrennen. Nach den Folterungen töteten sie durch einen Schuss in den Hinterkopf oder ins Auge. Sie schossen in den Straßen einfach um sich. Menschen wurden in einen Brunnen geworfen, um dort qualvoll zu sterben. Sie mordeten in Wohnungen und Häusern, indem sie Granaten warfen. Sie überrollten zivile Fahrzeuge auf offener Straße mit ihren Panzern. Zum Spaß. Sie schnitten Gliedmaßen ab und Kehlen durch. Und vergewaltigten und töteten vor den Augen von Kindern.«

Diese Vorgänge schockierten nicht nur den UN-Sicherheitsrat, sondern die ganze Welt – die den Krieg in der Ukraine bis zu diesem Moment mitunter wie eine Netflix-Serie verfolgt hatte. Das Zeugnis Selenskyjs mag, so wäre zu hoffen, so manchen ernüchtert haben. Wolodymyr schlug gleich im Anschluss vor, der Sicherheitsrat solle Russland sein Vetorecht entziehen – oder sich ansonsten besser gleich selbst auflösen. Indem er offenlegte, wie machtlos und überholt die Vereinten Nationen in ihrer bestehenden Form sind, sprach Wolodymyr Selenskyj aus, was man überall auf der Welt und nicht erst seit gestern weiß, sich aber laut zu sagen fürchtet. Putin allerdings ließ sich durch einen Selenskyj am Rednerpult nicht aufhalten. Am 8. April feuerten die Russen eine taktische ballistische »Totschka-U«-Rakete auf den Bahnhof von Kramatorsk, wo sich Menschen aufhielten, die auf der Flucht waren. Über 50 von ihnen starben, mehr als 100 wurden verletzt.

Mariupol war einmal eine schöne und blühende Stadt am Ufer des Asowschen Meeres. Vor dem Krieg lebten dort eine halbe Million Menschen. 45 Tage reichten Putin, um Mariupol großflächig zu zerstören. Vor sieben Jahren hatte die ukrainische

Armee Mariupol freigekämpft, hatten seine Bürgerinnen und Bürger dem »Russischen Frühling« eine Absage erteilt. An denen, die sich 2014 nicht hatten erobern lassen wollen, rächen sich die Russen jetzt, indem sie Wohnhäuser zerstören, Geburtskliniken, Einkaufszentren, Kindergärten und Schulen in Grund und Boden bomben. Die russischen Luftstreitkräfte bombardierten das Mariupoler Theater, in dessen Untergeschoss Menschen Schutz gesucht hatten. Hunderte Personen starben unter den Trümmern. Die Piloten ließen sich auch von dem in großen Lettern vor dem Theater auf den Asphalt gepinselten Schriftzug »Kinder« nicht aufhalten. Noch immer sind an die 100 000 Mariupoler Bürger und Bürgerinnen in der belagerten Stadt eingeschlossen. Ohne Wasser, ohne Strom, ohne Nahrung. Die Menschen begraben ihre Angehörigen vor den Häusern oder auf den zerstörten Kinderspielplätzen. Mobile russische Krematorien verbrennen Leichen, um die Spuren von Kriegsverbrechen zu verwischen. Das ist die Szenerie, vor der ukrainische Streitkräfte dem Ansturm der russischen Soldaten, die die Stadt eingekesselt haben, unter hohen Kosten die Stirn bieten.

Seit Kriegsbeginn ist Wolodymyr Selenskyj ein aktiver Player in der Weltpolitik, dessen Wort Gewicht hat, nicht nur für die Zukunft der Vereinten Nationen, sondern auch für das Handeln einzelner Staaten. Während der ersten 45 Tage der Kriegshandlungen sprach Wolodymyr vor der Mehrzahl der Parlamente europäischer Staaten, vor dem US-Kongress, der israelischen Knesset und dem Parlament sowie der Regierung Kanadas.

Selenskyj, nicht in Anzug und Krawatte, sondern im kakifarbenen T-Shirt, wird mit stehenden Ovationen begrüßt und verabschiedet, als Zeichen dafür, welchen Respekt man ihm und den Ukrainerinnen und Ukrainern zollt. Per Video hat Wolodymyr sich zudem auch an die Teilnehmenden der 64. Grammy-Verleihung gewandt und Musikerinnen und Musiker dazu aufgerufen, die Ukraine in ihrem Kampf gegen Russland zu unterstützen.

Am 9. April empfing Selenskyj in Kyjiw den britischen Premier Boris Johnson, der den ukrainischen Präsidenten öffentlich seinen Freund nennt. Nach ihren Gesprächen schritten Wolodymyr und Boris, natürlich in Begleitung ihrer Personenschützer, durch das Zentrum der ukrainischen Hauptstadt. Als krasser Gegensatz zum im Ural verbunkerten Putin wurde der Spaziergang von Johnson und Selenskyj durch ein Kyjiw in Kriegszeiten zu einer Demonstration der Stärke und einem Schlag ins Gesicht des Kremlherrn.

Selenskyj steht vor einer gewaltigen Prüfung des Schicksals: Er ist es, der Ukrainerinnen und Ukrainer durch diesen Krieg führen muss. Durch ihre Tränen der Verzweiflung, durch die Wut und den Hass auf die Besatzer, mit ihrem Glauben an den Sieg und in ihrer Trauer über die Toten. Nein, das ist nicht, was er im Sinn hatte, als er die Bulawa, das präsidentielle Zepter, entgegennahm. Doch genau diese Prüfung hat uns den wahren Selenskyj gezeigt. Den ohne Drehbuch und Schminke.

Epilog

KRIEGSPRÄSIDENT

Während der vergangenen drei Jahre zielte Wolodymyr Selenskyjs Streben darauf ab, der Präsident des Friedens zu werden. Er hatte versprochen, den Krieg im Donbas zu beenden und die schwierigen Beziehungen zur Russischen Föderation ein für alle Mal zu klären. Dafür war er, wie er sagte, sogar bereit, sich mit dem Teufel selbst an einen Tisch zu setzen. Für den Mann im Kreml aber hatten etwaige Gespräche mit Selenskyj nur ein Ziel: die Kapitulation der Ukraine vor Russland. Dem konnte Selenskyj nicht zustimmen.

Putin ließ Selenskyj letztlich keine Wahl: Er, der ein Friedensbringer hatte sein wollen, wurde in die Rolle des Kriegspräsidenten gezwungen. Ihrem sechsten Präsidenten ist die schwere Mission zugefallen, die Ukraine in den Kampf mit den russischen Angreifern zu führen. Eine schwere Prüfung für einen Mann, der selbst nicht in der Armee war und vor 2019 keinerlei politische Erfahrung hatte.

Vor dem Krieg erinnerte quasi jeder öffentliche Auftritt Selenskyjs an seine Vergangenheit als Schauspieler. Die Pausen, die Mimik, die Tonlage seiner Stimme, die Gesten. Allem haftete etwas übermäßig Theatralisches und Aufgesetztes an. Seine professionell-filmreifen Selbstinszenierungen und die Vermittlung und Vermarktung politischer Botschaften im Stil des Showbusiness erzeugten den Eindruck des Unauthentischen und Artifiziellen. Mit dem 24. Februar 2022, dem ersten Tag des flächendeckenden Angriffskrieges Russlands gegen die Ukraine, verschwand dies alles aus Selenskyjs Arsenal. Wir haben einen anderen Menschen vor uns. Mit müdem und unrasiertem Gesicht. In kakifarbener Kleidung. Ohne Krawatte, Schminke und Scheinwerferlicht. Einen Präsidenten, der voller Schmerz darüber spricht, wie junge und alte Ukrainerinnen und Ukrainer in den Mahlstrom des Krieges gerissen werden. Einen Menschen mit echten Gefühlen. Den ersten Mann der ukrainischen Nation, die Stimme seines vom Krieg bedrohten Volkes in der Welt.

Hinter Selenskyj steht heute die geeinte, starke und uneinnehmbare Bastion der ukrainischen Gesellschaft. Eine solche Einigkeit wie in diesen Tagen des blutigen Kriegs mit Russland hat es in der Ukraine nie zuvor gegeben. Millionen stehen denen zur Seite, die an der Front kämpfen oder ihr Zuhause verloren haben.

Seit jeher lassen sich die Menschen in der modernen Ukraine traditionsgemäß einteilen in jene, die für die Unabhängigkeit eines ukrainischen Staates eintreten, und jene, die eher Moskau zuneigen. Die Betenden in den Gotteshäusern der Orthodoxen Kirche der Ukraine und die in denen der Orthodoxen Kirche Russlands. Die Ukrainischsprachigen und die Russischsprachigen, von denen sich manche aufgrund dessen verfolgt fühlen. Wolodymyr Selenskyjs Vorgänger suchten allesamt nach der Formel, die dieses Land einen würde. Leonid Krawtschuk, Leonid Kutschma, Wiktor Juschtschenko, Wiktor Janukowytsch und Petro Poroschenko suchten indes vergeblich. Wladimir Putin löste das Rätsel an ihrer statt, indem er gegen die Ukraine in den Krieg zog. Die Wut auf den russischen Führer, die die Menschen heute empfinden, macht die Ukraine schier unbesiegbar. Der Kreml hatte geglaubt, die Ukraine in drei bis vier Tagen erobert zu haben. Er hat sich getäuscht.

Wie und wann der russisch-ukrainische Krieg enden wird, weiß niemand. Wie auch niemand weiß, was und wie die Ukraine nach dem Krieg sein wird. Zweifellos aber werden Ukrainerinnen und Ukrainer in Europa wie in der Welt eine tragende Rolle spielen.

Wir haben tragische und schwere Verluste erlitten. Viele Menschen sind zu Tode gekommen. Unsere Städte und unsere Infrastruktur liegen in Trümmern. Ungebrochen aber bleibt der Geist der Menschen, die mit Wolodymyr Selenskyj an ihrer Spitze ihrem Streben nach Freiheit und Unabhängigkeit Ausdruck verleihen.

In den vergangenen drei Jahren hat der sechste Präsident der Ukraine einen weiten Weg zurückgelegt – vom Schauspieler zum Anführer der ukrainischen Nation. Von einem Menschen, dem die Großen und Mächtigen der internationalen Staatenwelt mit ironischer Neugier begegnet sind, zu einem Politiker, für den man sich im Westen jetzt zum Applaus erhebt.